AF368861

TODO LO QUE DEBES SABER ANTES DE UN DIVORCIO

MIRIAM IGLESIAS
DAVID GONZÁLEZ

www.divorcio.guiaburros.es

Primera edición: mayo de 2022

ISBN: 978-84-19129-37-6

Depósito Legal: M-11510-2022

IMPRESO EN ESPAÑA/ PRINTED IN SPAIN

Si después de leer este libro, lo ha considerado como útil e interesante, le agradeceríamos que hiciera sobre él una **reseña honesta en cualquier plataforma de opinión** y nos enviara un e-mail a **opiniones@guiaburros.es** para poder, desde la editorial, enviarle **como regalo otro libro de nuestra colección.**

Sobre los autores

Miriam Iglesias está graduada en Derecho por la Universidad Rey Juan Carlos y con Máster de Acceso a la Abogacía por la misma universidad. Se colegió recientemente en el Ilustre Colegio de Abogados en Madrid, en el cual ha realizado varios cursos para dar un correcto asesoramiento legal y completar su formación previa. Actualmente ejerce como técnico y asesora laboral.

David González finalizó sus estudios de Abogacía en la Universidad Rey Juan Carlos y se colegió en el Ilustre Colegio de Abogados en Madrid, en el cual ha continuado formándose en materias como Derecho Penal o Herencias.

Agradecimientos

A nuestra familia, nuestros amigos y toda la gente que nos apoya.

Índice

Psicología y divorcio

Como psicólogo y autor de varios libros de esta colección (te recomiendo sobre todo *El Poder de la Acción* dado que su temática está muy relacionada con estilos de vida) es para mí un gran privilegio participar con el prólogo de este GuíaBurros que aborda la temática del divorcio.

Sin duda, resulta de gran utilidad conocer los aspectos legales que acompañan a este proceso y que serán determinantes a la hora de llegar a un acuerdo amistoso o a tener las ideas claras en caso de que el proceso se vea abocado a una resolución vía judicial. En este sentido, este manual resuelve muchas dudas que pueden surgir a cualquier persona que no sea experta en la materia.

Por lo que a mi participación se refiere, haré un abordaje, un breve y esquemático abordaje, desde la Psicología. Y es que un divorcio, además de ser un "trámite legal" es por encima de todo un proceso vital con grandes repercusiones, multitud de variables intervinientes y retos que afrontar a nivel emocional, de hábitos, sistémico, económico y un largo etcétera en el que no debemos olvidar el tema en el que para mí hay que poner toda la atención y buena intención: los hijos.

Si tuviera que resumir mi propuesta en una idea, sería esta: "vive tu divorcio de una manera sana".

Antes de ver qué significa esta afirmación, vamos a señalar los tres aspectos de los cuales quiero hablar en estas páginas: la crisis, la ruptura y el duelo; seguiré con los hijos para acabar hablando, a modo de epílogo, del amor.

Crisis

Las relaciones interpersonales en general y las de pareja en particular, se van a caracterizar siempre por la sucesión de fases en las que el bienestar, la complicidad y tranquilidad darán paso a la falta de entendimiento, distanciamiento y tensión. Este carácter cíclico hará que la relación vaya pasando por diferentes etapas en las que la resolución de los aspectos presentes den paso a otra fase. Debemos entender que la crisis es una condición concomitante a toda relación por lo que debemos aceptarla y afrontarla con naturalidad, paciencia y generosidad. Un crisis no debe de ser sinónimo de ruptura o de conflicto, solamente supondrá que hay algo que resolver a cualquier nivel. En la medida en que abordemos esa crisis con el compromiso y los recursos personales necesarios (conocimientos y habilidades), podremos elaborar la situación y construir una nueva situación en la que ambas partes, en el caso de la pareja, salgan fortalecidas.

Indudablemente puede ocurrir que, esa crisis, no pueda ser resuelta, bien porque no hay manera humanamente posible de hacerlo, bien porque no contamos con los recursos para hacerlo. Y es que debemos saber que solo podemos actuar y afrontar las situaciones y retos de nuestra vida con los recursos personales de los que disponemos, por eso medrar, crecer como individuos nos permitirá alcanzar mayores cotas de libertad en tanto que la libertad, supone romper las cadenas que nos aferran a nosotros mismos y a los demás.

Continuando con la idea de la crisis, debemos asumir que toda relación está sujeta a la posibilidad real de que se rompa. Aceptar este aspecto, nos protegerá de vivir la experiencia como algo traumático, como un fracaso y nos liberará de la "obligación" de mantener la relación a cualquier precio, aceptando situaciones, en el mejor de los casos, desfavorables o que nos alejen de la felicidad.

Huelga decir que bajo ningún concepto debemos mantener una relación en la que la dignidad y/o integridad física y/o emocional se vea amenazada o socavada.

Ruptura y divorcio

¿Cuándo debemos tomar la decisión de romper? Dicho de otra manera, ¿qué tiene que pasar para tener claro que la relación ha llegado a su fin?

Me resulta muy complicado abordar esa parte de la decisión en pocas líneas, lo que sí te puedo decir es que debemos aceptar la posibilidad de que, cualquier relación, está sujeta a la posibilidad de que termine. En primer lugar, debemos tener muy presente el hecho de que, para poder hacer que perdure, es necesario poner grandes dosis de entrega y de dedicación. En segundo lugar, cabría preguntarse acerca de la "utilidad" del divorcio en términos de ruptura. Tener la capacidad de discernir cuándo ha llegado el momento de dar el paso, es sin duda un reto. En cuántas ocasiones me han preguntado, ¿debo separarme o seguir luchando?

Como decía, la ruptura es una posibilidad real que debemos contemplar. Déjame que introduzca otra idea. Tan poco práctico puede resultar rechazar la posibilidad de una ruptura en tanto que nos condena a quedarnos donde no debemos estar como vivir con la opción de "pegar un portazo" ante cualquier signo de malestar. Asumamos que, en pareja, el compromiso es importante y compromiso significa, entre otras cosas, la voluntad de tratar de construir la relación con el horizonte de que dure toda la vida como opción tan real como lo es una posible ruptura.

En cada caso, para cada persona, habrá unas líneas rojas que serán las que determinen lo que se puede/debe resolver y lo que no. Yo te invito a que hagas el ejercicio de reflexionar sobre esto, incluso que lo escribas. Si me permites que te dé un consejo más, hacer este ejercicio en pareja puede resultar sanísimo. Por un lado, permitirá a cada miembro conocerse, tener las ideas claras y poder construir la relación con los límites claros. Por otro lado, compartir esta información, nos permitirá un nivel de conocimiento y comprensión del otro que nos permitirá, nuevamente construir una relación sana, en tanto que se podrá mantener la distancia respecto a esas líneas rojas o se podrá negociar cómo abordar estas situaciones. Y un aspecto fundamental en el contexto en el que estas líneas se enmarcan, nos permitirá abordar una ruptura con madurez, sabiendo en todo momento lo que está ocurriendo y pudiendo tomar una decisión con la serenidad y tranquilidad de que es lo necesario. Si yo sé que, para mí o para mi pareja, una infidelidad es imperdonable, ya sé por dónde debo o no debo transitar y en caso de que ocurra, ya tengo claro qué decisión se ha de tomar. Evidentemente hay mil matices y lo que *a priori* es imperdonable o "no es para tanto", en el momento de elaborarlo lleva una carga que realidad que puede hacer que la experiencia sea completamente diferente a lo que habíamos pensado. Pero, en cualquier caso, insisto, tendremos un marco sobre el que podremos entender y construir la relación, las necesidades del otro, sus límites y cuándo deberíamos tomar la decisión.

Decía que mi recomendación será siempre vivir el divorcio de una manera sana, ¿qué significa esta afirmación? En primer lugar, un divorcio sano, solo será posible en la medida en que sea sano para todas las partes implicadas. Es un error pensar que, un acuerdo que me favorezca en exclusiva a mí, me estará beneficiando en todos los aspectos. Antes bien, puede ocurrir que ese favor se vuelva en mi contra en forma de rencor, ira, falta de comunicación positiva, etc. En este sentido, la regla de oro será la generosidad, la capacidad de ceder en los aspectos necesarios que faciliten un acuerdo satisfactorio para todas las partes siempre con la visión puesta en la continua negociación de los acuerdos por cuanto, sobre todo si hay hijos, el acuerdo siempre estará sujeto a las nuevas necesidades que las nuevas circunstancias que se irán dando exijan. Indudablemente, debemos esperar la generosidad en ambas partes.

Retomando la idea de la utilidad del divorcio, es muy importante que entendamos que debe seguir un cauce sano. Es decir, como todo gran cambio (episodio vital) va a suponer una transición profunda entre dos estados, con todas las pérdidas (*status,* compañía, amistades, hogar, convivencia…) y beneficios (liberación, nueva vida, tiempo…) que ello comporta. La casuística es muy variada y cada separación tendrá un escenario único pero la realidad es que siempre supondrá un cambio.

Si además de enfrentarnos a esta situación en sí misma retadora, dolorosa, exigente, llena de incertidumbre y emociones encontradas, le añadimos el componente del conflicto y una mala gestión de las emociones, el cóctel puede ser absolutamente insoportable. Siendo esto así, cabe preguntarse, ¿cómo lo hacemos? Claro, como todo lo que tiene que ver con la pareja, es muy importante que este aspecto sea abordado desde la óptica de la participación de ambas partes. Y es que la lealtad, el compromiso, las buenas intenciones, el respeto… no deberían acabar con el amor, con la pareja. ¿Y si fuésemos capaces de vivir la ruptura desde estos valores?

Recuerda esto: el último reto que debe enfrentar toda pareja, es la separación. Bien sea porque esta ocurra en una ruptura, bien por la muerte de uno de los miembros (o de ambos).

En demasiadas ocasiones me encuentro con que el dolor, el rencor, la rabia, la frustración, los celos, la no aceptación, los deseos de venganza, etc. están presentes y son los que guían el proceso. Hasta cierto punto, la presencia de todo lo anterior es normal y forma parte de la ruptura y posterior duelo. Es por ello, que la comunicación desde el inicio, la entrada en juego de mediadores (profesionales o no) y la comprensión de que, incluso si todo ha ido mal, salir de ahí de una manera rápida y limpia, te proporcionará un escenario vital sano, son fundamentales. Te voy a hacer una propuesta que abordaré en tres puntos:

- **Comunicación:** si en todo momento la comunicación es fundamental, en este momento, aun más. Las diferentes expectativas, asumir ideas preconcebidas, los malos entendidos, etc. son las peores compañeras de viaje para esta tránsito que estamos haciendo, recordemos juntos. Y es que el divorcio, sigue formando parte de la relación, aun no se ha roto del todo el hilo que une a ambos miembros, un hilo que, si hay hijos, no se romperá nunca.

- **Mediación:** cuando hay un nivel de emotividad alto, cuando el dolor aparece, cuando el conflicto se hace inmanejable o incluso antes de que todo esto ocurra y a modo de estrategia recurrir a personas que intermedien será una gran idea, ya sean profesionales o personas de confianza, estar personas pueden ser un canal de comunicación útil cuando esta se complique, nos arrojarán una visión más objetiva y sana y podrán ayudarnos a limar aristas que pueden terminar enquistándose.

- **Borrón y cuenta nueva:** al terminar una relación, el escenario ideal es acabar, elaborar la ruptura y el consecuente duelo y rehacer la vida, primero en solitario para después volver a la vida en pareja (no es obligatorio, toma la decisión que consideres oportuna). Para ello, cerrar el libro que has estado escribiendo será una fantástica oportunidad para empezar de nuevo. Indudablemente, no podemos olvidar lo que hemos vivido, ni borrar de nuestra memoria de aprendizajes todo lo que una relación ha supuesto; cuando hablo de borrón y cuenta nueva, te quiero proponer que cierres de manera real la relación. Date la oportunidad de volver a ilusionarte, de recordar con cariño y respeto lo vivido, pero de poder mirar hacia adelante con la sinceridad y pulcritud necesarias para afrontar la vida desde la paz interior y la disposición sana (una vez más uso este término) frente a la vida y sus nuevas oportunidades.

Duelo

Una vez que la ruptura es un hecho, debemos hacer un duelo sano.

En primer lugar, vamos a dar una idea sobre lo que es el duelo. En gran medida, todos sabemos lo que es un duelo, pero yo quiero ofrecer una visión que me ha resultado muy útil tanto a nivel personal como en mi praxis profesional: el duelo supone, por encima de todo, la oportunidad de despedirnos de la persona que éramos en la situación anterior al evento ocurrido.

Indudablemente, supone despedirnos de la persona, trabajo, etc., que desaparece de nuestra vida y la elaboración de todas las emociones concomitantes. Pero el reto es ser capaz de rehacernos, de seguir adelante en una nueva fase asumiendo que es uno el que cambia, esa persona que éramos con esos hábitos, rutinas, recursos, etc. deja de existir y debemos de dar paso a la "nueva personas" resultante de este proceso.

Para ello es de suma importancia, además de las estrategias de afrontamiento, la capacidad de perdonar. Recordemos que perdón no es tanto "hacer como si nada hubiese pasado" o liberar a la otra persona de toma emoción negativa y/o reproche por nuestra parte, como la oportunidad de liberarnos a nosotros mismos de todo dolor, rencor o de las emociones negativas a las que me refería antes. Así es, el primer beneficiario del perdón es uno mismo pues nos posibilita la oportunidad de seguir el camino libre de cargas. Y si algo nos va a exigir un divorcio, es volver a empezar.

En muchas ocasiones vemos que hay un intento por mantener situaciones, hábitos, amistades y todo lo que, en la vida anterior, suponía nuestra zona de confort. La nueva vida nos exigirá una reconstrucción que puede llegar a ser muy drástica. Ello, no quiere decir que haya que renunciar a todo, se trata más de un cambio mental en el que lleguemos a comprender que tenemos que volver a construir la vida. Habrá personas, posesiones, hábitos que podamos conservar y otras que habrá que dejar atrás. Quiero hacer dos apreciaciones más:

Debemos aceptar que lo que permanezca en nuestra vida será diferente. Piensa que todo está construido en torno a una realidad que ya no existe, por lo que lo normal, lo sano, es que todo experimente un cambio, toda vez que las personas involucradas ya no son dos sino una.

Al tiempo, recordemos que tú mismo ya no serás la misma persona, seas capaz o no de elaborar el duelo de una manera sana, tú habrás cambiado. La comunicación, los afectos, etcétera son permeables a esta nueva situación, recuérdalo.

Vamos a hablar ahora de los hijos. El espacio se me acaba pero aunque sea brevemente quiero apuntar dos ideas:

- **Tomar la decisión a pesar de los hijos.** Una relación, una vez acabada, ¿debe mantenerse por los hijos? No hay una repuesta única e inequívoca. Pero sí me atreveré a decir que estos no deben de ser el motivo que mantenga la relación a cualquier precio, una vez acabada.

  En contra de lo que puede parecer, los hijos pueden elaborar con normalidad un ruptura siempre que se les dé la posibilidad, herramientas y espacios para que así sea. Aguantar por aguantar, puede ser más dramático y suponer un aprendizaje negativo por cuanto tendrán modelos de los que aprenderán que la convivencia es conflicto, distancia, frialdad, etc. En cambio, una separación a tiempo le posibilitará aprender a resolver de manera positiva al tiempo que les presentará una nueva vida, más tranquila en este sentido, en la que aprenderán a convivir con ambos progenitores desde la tranquilidad.

- **Comunicación y afrontamiento de los hijos.** Aunque ya he abordado este tema en el punto anterior, quiero incidir en la importancia de hacer a los hijos partícipes del proceso (no de la decisión) en tanto que ellos forman parte de la unidad familiar pero no de la pareja. Una vez la decisión se ha tomado, es una buena estrategia comunicarles lo que está ocurriendo, acompañarles en la elaboración del proceso y atender todas sus preguntas, dudas y miedos. Para ello, involucrar a los amigos, familia y profesorado puede ser interesante. En definitiva, los menores (y no tan menores) deben vivir la situación con toda la normalidad a la que me he referido hasta ahora.

Hay muchos aspectos que deberíamos considerar como la custodia, facilitar una relación fluida con ambos progenitores, preparar la aparición de una nueva pareja y un largo etcétera que quizás merezca la pena abordar en otro título de esta fantástica colección.

Amor en pareja

No me resisto a terminar este texto sin hablar del amor en pareja. Me gusta mucho abordar este tema recurriendo a la visión que sobre este punto nos enseña la cultura y religión del Antiguo Egipto. Como sabemos, la manera que los egipcios tenían para escribir era el jeroglífico. Es muy interesante observar que el jeroglífico del amor en pareja es un arado de mano. El mensaje, en este sentido es claro: si quieres cosechar dobla el lomo, trabaja a diario y solo entonces, existirá la posibilidad de que la cosecha llegue. El mensaje es claro, la pareja, su éxito entendido en términos de perduración es una conquista que se alcanza con dedicación, entrega y trabajo diario.

En este sentido, el cuidado mutuo, la paciencia, el respeto, la tolerancia, la comprensión, la aceptación, proteger la confianza, los espacios y vías de comunicación, el tiempo de calidad, la pasión, la entrega, etc. son fundamentales. Todo ello siempre con la capacidad de mantener la propia identidad, de evolucionar a nivel personal siendo capaz de trasladar esa evolución al ámbito de la pareja entendiendo que el paso de los años supondrá que las tres entidades que componen la pareja, tienen que evolucionar y que cada una de ellas puede hacerlo de manera inesperada. En este sentido, es muy importante el respeto al momento de cada cual, "manteniendo el foco puesto en la propia evolución y crecimiento".

Seguro que tienes claro que una pareja es "cosa de tres": yo, él/ella y la unidad que formamos ambos/ambas y debemos tener el ojo puesto en las tres entidades.

Y es que la relación se construye entre ambos miembros y es el escenario ideal para vivir, evolucionar y crecer. Pero para poder nutrirnos de ella, debemos nutricionarla antes y será fruto de ese ejercicio que tengamos a nuestra disposición unos elementos u otros.

A mí personalmente me parece que la vida en pareja, el éxito de esta, es un hermoso reto vital, que no debe ser entendido como el único modelo de vida, pero que recoge perfectamente ese ideal de vida activa, llena de retos y de oportunidades de crecimiento personal. La soltería no es la única, ni necesariamente la mejor vía para alcanzar una vida plena. Como la pareja no debe de ser la única opción, en cualquier caso, si crees en la pareja mi recomendación es que trates siempre de protegerla, de alimentarla, de resolver cada fase y situación como un reto desde el amor y no desde el conflicto y si finalmente llega el momento de tomar la decisión de poner fin a este, que el mismo amor sea el que guíe el proceso, por respeto a lo que fue, a lo que es y a lo que puede volver a ser.

Si quieres saber más sobre este tema estaré encantado de compartir contigo más información, de trabajar mano a mano contigo en cualquiera de las fases y/o aspectos que consideres necesarios. Puedes escribirme a david@davidgt.es y con gusto responderé a tu solicitud.

Te propongo que visites mi blog www.davidgt.es en el que podrás leer sobre este y otros temas relacionados con la psicología y crecimiento personal.

David Gallego Tortosa
Psicólogo y Consultor de Empresa

Introducción

Este libro ha sido escrito sin ningún ánimo de incitar o animar a nada; no pretendemos convencer a nadie de tomar ningún tipo de decisión. Lo único que pretendemos es ofrecer información de calidad a aquellas personas que estén planteándose divorciarse y dar respuesta a las preguntas que puedan estar haciéndose.

Nuestro objetivo es ofrecer al lector una visión general sobre el divorcio de forma amena, tratando de responder a cuestiones que suscitan dudas en la práctica con ejemplos basados en casos reales con los que, por razones diferentes, nos hemos encontrado a lo largo de nuestra trayectoria profesional. Por razones de confidencialidad y secreto profesional, hemos cambiado tanto las identidades de los implicados en cada ejemplo como cualquier dato mínimamente concordante con la realidad; tan solo los hechos son iguales. Otros casos, por el contrario, proceden de nuestra inventiva, pues sabemos con certeza que es más fácil comprender ciertos conceptos cuando se enmarcan en una historia que sí podemos entender con facilidad.

Pero hablemos ya del tema del libro, que es lo importante. Podemos decir que es una constante en la vida de cada uno de nosotros el encontrarse ante una situación que debemos gestionar y no sabemos cómo, preguntándonos cuál es el mejor camino o qué debemos hacer. El divorcio, concretamente, es ese tipo de momento complicado. Nos damos cuenta de que nuestro matrimonio ha llegado a su fin y nos encontramos ante uno de los dilemas más duros envueltos en una pregunta que, por desgracia, es una constante en la mayoría de las personas: *"¿Y ahora qué hago?"*.

Por desgracia cualquier persona que se haya encontrado ante una decisión así entiende esa sensación de angustia ante el futuro, de encontrarse al borde de un precipicio sin saber qué hacer o cómo hacerlo. A lo largo de la historia, ha quedado patente que el conocimiento es poder: cuanto más conocimiento poseas, más capacidad de acción tendrás.

El hecho es que el divorcio es un fenómeno bastante común en nuestra sociedad, pues las relaciones humanas son, por regla general, difíciles, siendo las de pareja especialmente complicadas. Los datos del Instituto Nacional de Estadística reflejan que, de media, se han divorciado 96 345 personas por año entre 2023 y 2019. Sin embargo, el divorcio no es una práctica para nada reciente, pues ya existía en la Antigua Roma, aunque su regulación ha ido variando a lo largo de la historia.

Sabemos de sobra que nos hemos dejado en el tintero muchos temas que nos hubiera encantado incluir, pero en aras de facilitar la lectura y la comprensión de la misma hemos intentado resumir en un medio cómodo y asequible lo que a nuestro juicio es lo más importante. Podemos decir que es una guía rápida de lo más relevante que se debe saber sobre los divorcios, comenzando por unas cuestiones previas que es necesario explicar, ya que no se puede hablar del fenómeno del "fin de algo" sin explicar antes que es ese "algo". Hemos incluido, además de la parte conflictiva que todo el mundo conoce, otras alternativas, formas de solucionar el problema que, en ocasiones, pueden ser menos dañinas. Tampoco nos hemos dejado en el tintero las cuestiones relativas a los menores y sus intereses.

Ya sin más demora, tan solo nos queda desear que el lector disfrute del libro y encuentre las respuestas que buscaba cuando decidió comenzar a leer esta obra.

"Los libros son, entre mis consejeros, los que más me agradan, porque ni el temor ni la esperanza les impiden decirme lo que debo hacer".

Alfonso V el Magnánimo

Rey de Aragón

Cuestiones previas

Introducción a los regímenes económicos matrimoniales

Antes de entrar en materia, hay que entender varios conceptos y conocer ciertos datos que, en general, a no ser que seas un estudioso de nuestra legislación o estés versado en este tema, son de común desconocimiento. No comencemos la casa por el tejado ni pretendamos correr antes de andar, así que empecemos dando unas ideas básicas para que, al comenzar a explicar cosas más complejas, sea más sencillo entenderlas.

A lo largo del libro, veréis que nos referimos a "regímenes económicos matrimoniales" y estoy seguro de que, sin mayor explicación, alguno sentiría la necesidad de recurrir a consultar en Google para saber de qué estamos hablando. Es cierto que a veces el mundo del derecho recoge conceptos, y a veces explicaciones, que parecen sacados de otro idioma, pero no te preocupes, intentaremos explicar todo de la forma más sencilla posible.

Cuando hablamos de regímenes económicos matrimoniales, nos referimos a la forma que tiene la pareja de administrar su economía y su patrimonio durante el matrimonio. Son realmente un conjunto de normas que ambos pactan antes de casarse por las que se regirán tanto la economía personal de cada uno como la común de ambos. Parece un detalle nimio, pero es importante saber, de cara a plantearse el divorcio, qué régimen económico se pactó en capitulaciones matrimoniales (a las que nos referiremos más adelante). Podemos entender que, si el matrimonio es el juego, el régimen matrimonial será el conjunto de normas que lo regirán y las capitulaciones matrimoniales el librillo donde se recogerán dichas normas, por eso es tan importante tener claro todo esto.

Como hemos dicho, la pareja, por regla general antes de casarse, puede elegir el régimen económico matrimonial que ellos deseen con las únicas y escasas restricciones que se imponen en nuestro Código Civil, que veremos cuando expliquemos en detalle cada régimen. ¿Puede darse el caso de que no se escoja ninguno? Sí, puede pasar y en ese caso, si deciden no elegir ningún régimen económico o las capitulaciones resultan ineficaces por alguna razón, la regla general nos dice que tendrá por establecido el régimen de gananciales. Pero cuidado, esta es la regla general, pero hay comunidades autónomas que tienen una regulación específica que varía en cada caso. Por ejemplo, en Cataluña el régimen supletorio es la separación de bienes.

¿Pero este régimen es para siempre? ¿Y si me equivoco? Se puede modificar el régimen económico elegido, pero este cambio no afectará de forma negativa a cualquier otra persona externa al matrimonio. Como es lógico, aunque sean nomas que operan solo dentro del matrimonio también, se establecen de cara a todo el mundo, por lo que al interactuar con una persona externa a la pareja puede generar una serie de derechos y la ley no permite que esta persona vea afectados esos derechos por el cambio de régimen. Pongamos un ejemplo de esta situación: "Marco y Claudia están casados bajo el régimen de gananciales y durante la vigencia del mismo Marco contrae una deuda de la que responde el patrimonio común de ambos, pero antes de pagar dicha deuda deciden cambiar su régimen económico a la separación de bienes". La ley, previendo esta situación, establece que este cambio nunca podrá perjudicar a los derechos adquiridos con anterioridad por otras personas.

Hablemos ahora de las cargas del matrimonio. Aunque no lo parezca a simple vista, este es un concepto sumamente amplio, ya que no hay un número cerrado de cargas que deba soportar el matrimonio. Podemos entender, según su propio nombre indica, que son las cargas que la pareja debe hacer frente en el ámbito conyugal, incluyendo entre estas, por ejemplo, los alimentos, los gastos originados en la casa común, la asistencia médica, los gastos de los hijos… En definitiva, todos aquellos gastos que las parejas han de hacer frente conjuntamente. Existe una obligación expresa de contribuir a dichas cargas por parte de los dos cónyuges pudiendo el juez obligar a cumplir con esta obligación.

Ambos cónyuges en el matrimonio pueden cubrir las necesidades cotidianas y normales de la familia, las que podríamos llamar ordinarias, pero ¿quién responde de las deudas que genere esa gestión? La ley en ese sentido es muy clara, responderán de esas deudas en primer lugar los bienes que fuesen comunes y los propios de la persona que hizo la gestión y tan solo en último lugar, responderán los bienes propios de la otra persona sin perjuicio de que posteriormente se reintegre a quién haya aportado de su patrimonio personal para hacer frente a esa deuda.

En cuanto a la vivienda habitual, nuestro Código Civil establece que, para ejercer algún derecho sobre ella, como la venta de la misma o incluso su donación, es necesario contar con el consentimiento de los dos cónyuges, aunque tan solo pertenezca a uno de ellos. La única forma de poder evitar el consentimiento de la otra persona es recurrir a la justicia para obtener una autorización judicial.

Para finalizar, como última nota previa, añadir que la confesión de uno de los cónyuges es prueba suficiente para demostrar que un determinado bien es propiedad del otro, pero al igual que comentamos anteriormente, le ley no permite que esto pueda perjudicar a otras personas, como posibles herederos forzosos o acreedores.

Las capitulaciones matrimoniales

Comencemos por explicar qué son exactamente unas capitulaciones matrimoniales y por qué tienen tanta importancia como para incluirlas en un libro dedicado al divorcio. Las capitulaciones matrimoniales son un contrato que ambas partes de la pareja acuerdan para establecer una serie de pactos de cara al matrimonio. Sí, sabemos que suena frío y carece de todo romanticismo, pero tiene una función elemental, ya que se trata, como ya hemos referido con anterioridad, del medio por el cual la pareja estipulará el régimen económico por el que van a regirse.

Lo más normal es establecer estas normas antes de contraer matrimonio, pero no es el único momento en que se puede hacer, ya que durante la vigencia del mismo se pueden modificar tantas veces como se quiera. Es cierto que hay que tener en cuenta que es obligatorio que ya sea para otorgarlas o para modificarlas, han de constar en escritura pública ante notario.

Hay que hacer mención también a que, si por alguna razón las capitulaciones matrimoniales resultan ineficaces, las consecuencias de este hecho no afectarán a las otras personas de buena fe. Es decir, que si Juan Pablo y Saturnina se han casado y han estipulado unas capitulaciones que son contrarias a lo que dice nuestra ley, a todos los efectos se tendrán como no efectuadas, por lo que con respecto a cualquier otra persona ajena al matrimonio no les puede afectar en absoluto.

La sociedad de gananciales

Seguramente, este es el régimen económico más conocido y controvertido de todos. ¿Quién no ha oído hablar al menos o tiene una mínima idea de qué es? Seguramente tengas unos amigos casados en gananciales, o unos familiares, o incluso puede que seas tú quién lo esté. En cualquier caso, vamos a intentar alejar los mitos y las leyendas negras de este régimen. Comenzaremos explicando en qué consiste.

Se trata de un régimen económico por el cual las ganancias o beneficios que ambos cónyuges obtengan a lo largo del matrimonio se hacen comunes y tan solo se dividirán si finalmente se disuelve esta sociedad, atribuyéndoles la mitad a cada uno independientemente de lo que hayan aportado. ¿Esto significa que si me caso con mi pareja que tiene una gran fortuna seré propietario de la mitad de esa fortuna? Rotundamente no. Para entenderlo mejor es preciso explicar la diferencia entre los bienes privativos y los bienes gananciales.

Los bienes privativos son aquellos que pertenecen únicamente a uno de los cónyuges. Estos bienes pueden tener distintos orígenes, ya que incluso estando ya operando la sociedad de gananciales se pueden obtener estos bienes. Estos son algunos de los bienes privativos más comunes:

- Todos los bienes que cada uno tiene al comenzar la sociedad de gananciales.

- Los que se adquieran durante la vigencia de la sociedad de gananciales por título gratuito, lo que significa que, aunque esté operando la sociedad de gananciales, todos los bienes que se obtienen sin contraprestación, como una donación, serán propiedad únicamente del cónyuge que lo hubiera adquirido.

- Los que han sido adquiridos a costa de bienes privativos o en su sustitución.

- Los adquiridos por derecho de retracto perteneciente a uno solo de los cónyuges. El derecho de retracto es un derecho real, es decir, que recae sobre un bien material que faculta a alguien a adquirir preferentemente un bien que se esté vendiendo por el mismo precio que ha pagado la otra persona. Pongamos un ejemplo para entender esto mejor: "Lucio tenía arrendada una casa a Juana y al terminar el contrato de alquiler le vende la casa a Paco". En este caso Juana tiene derecho a adquirir la casa por el mismo precio que se le ha vendido a Paco de forma preferente.

- Los bienes y derechos patrimoniales inherentes a la persona que no puedan transmitirse en vida. En principio puede parecer difícil saber exactamente a que se refiere esto, pero es más sencillo de lo que parece. La ley en este supuesto recoge derechos como el de usufructo (es aquel que se refiere al uso y disfrute de un bien, pero en este caso no se refiere al rendimiento que pueda emanar de dicho bien) o el derecho al trabajo, aunque los frutos de dicho trabajo no serían privativos.

- El pago recibido como resarcimiento por unos daños que haya sufrido uno de los cónyuges o por daños sufridos en sus bienes privativos.

- Las ropas y objetos que sean de uso personal y no tengan un valor extraordinario.

- Los instrumentos necesarios para el ejercicio de la profesión u oficio. En este caso hay una única excepción, ya que no serán privativos si esos instrumentos forman parte de un establecimiento o explotación común.

Los bienes gananciales son aquellos que pertenecen a ambos cónyuges dentro del matrimonio que se encuentra regido por una sociedad de gananciales. Estos bienes, al igual que los privativos, pueden tener distintos orígenes. Estos son algunos de los bienes gananciales más comunes:

- Los que se obtengan por el trabajo o la industria de cualquiera de los cónyuges.

- Los frutos, rentas o intereses que provengan de bienes tanto privativos como gananciales. Nos referimos aquí por ejemplo a las ganancias obtenidas del alquiler de un local, ya pertenezca a uno o a ambos cónyuges.

- Los bienes que se adquieran a cambio de una contraprestación a costa del caudal común, ya sea para ambos o para uno solo, como puede ser la compraventa de un coche.

- Los bienes que se adquieran por el derecho de retracto, que hemos explicado anteriormente, de forma ganancial. Aunque si es pagado con el dinero privativo de uno de ellos, la sociedad ganancial deberá pagarle ya que es deudora de este.

- Las empresas y establecimientos fundados durante la vigencia de la sociedad de gananciales por cualquiera de los dos cónyuges. Si se ha invertido parte del capital común y parte del capital privativo pertenecerán como dueños del bien la sociedad de gananciales y el cónyuge que pagase con sus bienes privativos en proporción a lo aportado.

- Y, por último, las ganancias del juego ganadas por cualquiera de los cónyuges.

Hay que hacer mención de que existe por ley una presunción de que los bienes en el matrimonio son gananciales y en todo caso habrá que probar que no es así.

En cuanto a la administración de la sociedad, corresponde a ambos cónyuges conjuntamente, por lo que cada decisión que se toma en este sentido debe ser decidido por ambos o como mínimo contar con el consentimiento del otro cónyuge. Si bien es cierto que existen ciertas excepciones que recoge nuestro Código Civil.

Para terminar, y ya que todo lo que tiene un comienzo tiene un final, hay que explicar en qué casos y de qué formas se extingue esta sociedad. Como ya habrás supuesto, en caso de divorcio o disolución de matrimonio se extingue la sociedad, pero también concluirá en caso de que el matrimonio sea declarado nulo, en caso de que la pareja se separe legalmente o, como hemos comentado anteriormente, por cambiar el régimen económico a otro distinto. Existen otros medios por los que se puede extinguir la sociedad de gananciales por decisión judicial en caso de que uno de ellos sea declarado incapaz, se le declare pródigo (lo que significa que es una persona que gasta su dinero poniendo en riesgo su patrimonio) o entre en concurso de acreedores o llevar separado más de un año entre otros.

Una vez que la sociedad se ha disuelto se debe liquidar, comenzando por hacer un inventario del activo y el pasivo de la sociedad. Una vez que el inventario ha finalizado se pagan las deudas que tiene la sociedad y una vez satisfechas se dividirá por mitad entre los dos cónyuges.

▶ **Artículo 1346 del Código Civil:**
"Son privativos de cada uno de los cónyuges:
1.º Los bienes, animales y derechos que le pertenecieran al comenzar la sociedad.
2.º Los que adquiera después por título gratuito.
3.º Los adquiridos a costa o en sustitución de bienes privativos.
4.º Los adquiridos por derecho de retracto perteneciente a uno solo de los cónyuges.
5.º Los bienes y derechos patrimoniales inherentes a la persona y los no transmisibles ínter vivos.

6.º El resarcimiento por daños inferidos a la persona de uno de los cónyuges o a sus bienes privativos.

7.º Las ropas y objetos de uso personal que no sean de extraordinario valor.

8.º Los instrumentos necesarios para el ejercicio de la profesión u oficio, salvo cuando éstos sean parte integrante o pertenencias de un establecimiento o explotación de carácter común.

Los bienes mencionados en los apartados 4.º y 8.º no perderán su carácter de privativos por el hecho de que su adquisición se haya realizado con fondos comunes; pero, en este caso, la sociedad será acreedora del cónyuge propietario por el valor satisfecho".

Régimen de participación

Podemos llamar a este régimen el eterno olvidado. Todo el mundo conoce la sociedad de gananciales y la separación de bienes, pero la mayoría ignora que hay un tercer régimen económico que nuestro Código Civil contempla y ese es el régimen de participación. Como su nombre indica, en el régimen de participación cada uno de los dos cónyuges adquiere el derecho a participar en las ganancias obtenidas por su consorte durante la vigencia de dicho régimen. Seguramente ahora mismo estarás pensando *"¿Y qué diferencia hay entonces con la sociedad de gananciales? A simple vista parece lo mismo"*. En efecto tiene cierta semejanza con la sociedad de gananciales, pero también la tiene con la separación de bienes tal y como veremos.

Al contrario que en la sociedad de gananciales, la pareja puede elegir el porcentaje de participación en los bienes del otro, pero debe ser por igual para ambos. Cada uno en la pareja administra, disfruta y puede disponer libremente de todos los títulos que tuviese tanto en el momento de contraer matrimonio como posteriormente. De hecho, en todo lo que no se regule específicamente respecto a este régimen, se aplicarán las normas de la separación de bienes. Solo después de la extinción del régimen se determinan las ganancias teniendo en cuenta el patrimonio inicial y final de cada cónyuge.

Separación de bienes

Para finalizar expliquemos el último régimen económico matrimonial, el régimen de separación de bienes. En virtud de este régimen le pertenecen a cada uno de los cónyuges todos los bienes que tuviesen cada uno tanto al inicio del matrimonio como los que adquieran posteriormente.

Aunque cada uno tenga el goce y disfrute de sus propios bienes, esto no exime a la pareja de contribuir a las cargas del matrimonio, que no habiendo pactado nada respecto a esto les corresponderá hacer frente a dichas cargas en función de sus recursos económicos.

En este caso, los bienes que no sea posible acreditar a quién pertenecen les corresponderán a ambos por mitades.

► **Artículos 1435 a 1437 del Código Civil.**

"Existirá entre los cónyuges separación de bienes:

1.º Cuando así lo hubiesen convenido.

2.º Cuando los cónyuges hubieren pactado en capitulaciones matrimoniales que no regirá entre ellos la sociedad de gananciales, sin expresar las reglas por que hayan de regirse sus bienes.

3.º Cuando se extinga, constante matrimonio, la sociedad de gananciales o el régimen de participación, salvo que por voluntad de los interesados fuesen sustituidos por otro régimen distinto.

La demanda de separación de bienes y la sentencia firme en que se declare se deberán anotar e inscribir, respectivamente, en el Registro de la Propiedad que corresponda, si recayere sobre bienes inmuebles. La sentencia firme se anotará también en el Registro Civil

Los cónyuges contribuirán al sostenimiento de las cargas del matrimonio. A falta de convenio lo harán proporcionalmente a sus respectivos recursos económicos. El trabajo para la casa será computado como contribución a las cargas y dará derecho a obtener una compensación que el Juez señalará, a falta de acuerdo, a la extinción del régimen de separación.

En el régimen de separación pertenecerán a cada cónyuge los bienes que tuviese en el momento inicial del mismo y, los que después adquiera por cualquier título. Asimismo corresponderá a cada uno la administración, goce y libre disposición de tales bienes".

La pareja de hecho

Al contrario de lo que pasa con los matrimonios, no encontraremos una definición o una regulación a nivel estatal de la pareja de hecho. Ha sido nuestro Tribunal Supremo el que finalmente, ante esta situación cada vez más común en nuestro país ha ofrecido, una definición unitaria diciendo que las parejas de hecho son "La unión libre, pública y estable de dos personas con independencia de su orientación sexual, siempre que guarden entre sí una relación de afectividad análoga con el matrimonio, siendo incompatible con cualquier matrimonio de los convivientes".

Como hemos visto anteriormente, para el matrimonio la ley prevé tres regímenes económicos con sus características y particularidades, pero nuevamente para la pareja de hecho no hay nada regulado.

Seguramente te preguntarás: *"Si estamos en régimen de pareja de hecho y nos queremos separar ¿debemos iniciar un procedimiento de divorcio?"*. No, no tienes porqué iniciar un procedimiento judicial, simplemente deberás acudir junto a tu pareja a la notaría y otorgar una escritura de disolución de pareja de hecho.

¿Y si no estamos de acuerdo? No importa, tan solo con que vaya uno a la notaría y otorgue dicha escritura es suficiente, pero es necesario notificárselo de forma fehaciente a tu pareja.

Hay que tener en cuenta que cada Comunidad Autónoma tiene su regulación respecto a las parejas de hecho y su registro. Los anteriores requisitos son generales por lo que si estás pensando en registrarte como pareja de hecho o por el contrario disolver dicho vínculo deberás de consultar también los pasos a seguir de manera administrativa que te correspondan según tu Comunidad Autónoma.

Como puedes imaginar se trata de un procedimiento mucho más sencillo que el divorcio, pero *"¿Esta es la única manera de extinguir la pareja de hecho?"* De nuevo no, también se extinguirá. como es lógico, cuando no convivan juntos, cuando uno de los dos muera o se le declare muerto o alguno contraiga matrimonio.

Separación

Antaño no era tan sencillo divorciarse como lo es actualmente, eso lo sabe todo el mundo, pero puede que haya mucha gente que no sepa que la separación antes era un paso previo de carácter obligatorio si querías acceder al divorcio. Actualmente el procedimiento ya no es así, ya no es obligatorio este paso previo, pero podemos utilizar la separación como un instrumento ya que, aunque no tenga la finalidad que antiguamente se le otorgaba no se debe caer en el error de pensar que es una figura completamente inútil hoy en día.

Pongamos el ejemplo de una pareja que acudió a nuestro despacho, digamos por ejemplo, que se llamaban Fernando y Sofía. Se casaron en gananciales cuando no habían cumplido la veintena de edad y tras los vaivenes de la vida llegaron a la conclusión de que, aunque tenían una hija pequeña y su relación no es mala, el amor ha desaparecido y en su lugar tan solo ha quedado una amarga monotonía en la que la discusión es la nota más sonante. Cuando nos expusieron su caso ambos estaban de acuerdo en prácticamente todo, como podría pensar cualquiera se trataba de un divorcio de mutuo acuerdo de libro. Antes de comenzar con los trámites les preguntamos si se habían planteado la separación a lo que nos respondieron que no se lo habían planteado.

Nosotros al ver esa situación les explicamos que el efecto principal de la separación es el cese de la convivencia en pareja y, aunque esto es algo que se hace a menudo sin recurrir al procedimiento legal, despliega una serie de efectos legales para la pareja. Les explicamos también que existen dos tipos de separaciones:

- **La separación de hecho:** que se produce cuando ya no existe la convivencia del matrimonio. No tiene ningún tipo de regulación y, además, no rompe el matrimonio.

- **La separación legal:** tampoco se convive con la pareja y tampoco rompe el matrimonio, pero se han llevado a cabo los trámites judiciales y ya existe sentencia al respecto.

Como hemos visto, la separación de hecho y de derecho tiene como principal diferencia que en una hay un procedimiento judicial y una sentencia y en la otra tan solo la voluntad de las partes de no seguir conviviendo juntos. Aun así, explicaremos con más detenimiento los dos tipos de separación más adelante. Es importante también tener en cuenta que la separación se puede revertir si existe una reconciliación, ya sea una separación de hecho o una separación legal, por lo que si la pareja se reconcilia podrán continuar con sus vidas sin haber extinguido el matrimonio, tal como les ocurrió a Fernando y Sofía, que actualmente se han reconciliado y viven felices juntos con su hija en su piso en bueno, ya sabéis, en algún sitio.

La separación de hecho

Como hemos apuntado antes, suele ocurrir en los matrimonios que por diversas circunstancias la pareja llega a la conclusión de que la situación es insostenible entre ellos y que, por ello, es necesario dejar de compartir la vida juntos tal y como han venido haciendo. Pero surgen muchas preguntas, como, por ejemplo; quién se hará cargo de los gastos que venían siendo comunes (como el alquiler o la hipoteca), qué pasará con los niños si los hay, o también qué es lo que ocurriría si en ese período uno de los cónyuges contrae una deuda.

Es una situación muy común, ya que, a diferencia de la separación legal, no es necesario que hayan pasado tres meses desde que os casasteis para acceder a esta separación. También puede ser que simplemente, no se opte por la separación legal por el tiempo que esto conlleva.

¿Qué pasa con la economía del matrimonio? Como ya hemos explicado con anterioridad el régimen económico matrimonial (ya sea gananciales, separación de bienes o mixto) se extingue, por regla general, con la sentencia de divorcio. Decimos por regla general, porque no siempre es así, ya que los jueces pueden extinguir el régimen económico matrimonial existente en una pareja que se ha separado de hecho, pero requiere:

1. Que no exista convivencia conyugal ni intención de mantener una relación sentimental. Es decir, que la separación debe ser seria y cierta.

2. Que la separación de hecho sea prolongada en el tiempo; no se tienen en cuenta las medidas preventivas en las cuales las parejas determinan un tiempo sin convivencia para pensar el futuro de la relación y continúan comportándose como si la relación no se hubiera roto.

3. Que, en dicho tiempo, la pareja haya actuado de forma individual y no en conjunto como venían haciendo.

4. Que se haya dado el paso a solicitar la separación legal o el divorcio.

En definitiva, no debe existir voluntad de mantener la relación. Si se cumplen esos requisitos podemos decir que no existe régimen económico matrimonial desde que cesó la convivencia.

Pongamos un ejemplo para entenderlo mejor:

"Marcos y Lucas se conocieron en un viaje turístico a Venecia y se enamoraron perdidamente hasta el punto de que cuando volvieron a España continuaron con ese amor veraniego, adoptaron un perro y se casaron en gananciales. Fueron felices durante siete años, pero debido a una infidelidad de Lucas la pareja se sumió en una crisis sentimental hasta que finalmente decidieron poner fin a la convivencia unos meses para saber si debían continuar o no con el matrimonio. En esos meses en los que ya no convivían juntos, Lucas, abatido por las circunstancias y presa de sus remordimientos adquirió un coche mediante un préstamo bancario y dejó a deber un par de cuotas. Al quinto mes de separación, Marcos y Lucas deciden retomar la relación, pero por desgracia las constantes discusiones y la desconfianza provocaron que esa reconciliación tan solo fuese por un mes, ya que después de todo lo ocurrido decidieron poner fin definitivamente a la relación".

P › *¿Creéis que la deuda de Lucas es ganancial?*

R › Efectivamente, es una deuda ganancial, ya que se entiende que el régimen de gananciales se extinguió no en los primeros meses en los que Marcos y Lucas se tomaron para pensar, sino cuando después del intento de reconciliación en que de nuevo convivieron juntos durante un mes, decidieron de forma definitiva, hasta el divorcio, que cada uno tomaría su camino.

Aun así, siempre es conveniente no confiarse y atender al caso concreto. Existen créditos como el hipotecario que continuarán siendo de ambos cónyuges hasta el divorcio, aunque medie una separación de hecho.

P › *¿Y la herencia?*

R › En el caso de una pareja que en la que los dos ya no están juntos, pero legalmente tampoco están separados, ¿qué pasaría con los derechos del cónyuge sobreviviente en caso de que su pareja muriese? ¿recibiría herencia del cónyuge fallecido?

No se trata de un caso sencillo y hay que diferenciar dos situaciones para este supuesto:

1. Que el cónyuge haya dejado testamento.

2. Que no lo haya dejado, por lo que la herencia se regirá por lo establecido en el Código Civil.

Si ha dejado testamento se estará a lo que se determine en este, pero el problema no es esa primera situación, sino la segunda, cuando no ha dejado testamento. Si no existe testamento, el cónyuge que no esté separado legalmente o de hecho, recibirá en uso y disfrute (usufructo) un tercio de la herencia si también heredan hijos o descendientes.

¿Y qué es el usufructo? Pues nos lo define el **artículo 467 del Código Civil** que nos dice que:

> "El usufructo da derecho a disfrutar los bienes ajenos con la obligación de conservar su forma y sustancia, a no ser que el título de su constitución o la ley autoricen otra cosa".

Deberá cuidar, como dispone este mismo Código, las cosas dadas como un buen padre de familia.

Entendemos que el hecho de cuidar algo como un buen padre de familia significa que se ha de prestar el cuidado y la diligencia esperada de un ciudadano común. Es la diligencia que una persona cualquiera aplicaría siguiendo la razón y el sentido común.

No podremos entonces heredar en usufructo si estamos separados de hecho, y al igual que ocurría con el régimen económico matrimonial, se entenderá que estamos en esa situación, principalmente, cuando no queremos continuar con la relación matrimonial ni de convivencia.

La separación legal

El primer requisito para poder separarse legalmente es que hayan transcurrido tres meses desde la celebración del matrimonio. Desde ese momento, y no antes, nos podremos separar legalmente sin contar con el consentimiento de nuestra pareja o de mutuo acuerdo. Para ello tendremos que interponer demanda y junto a esta aportar una propuesta de convenio regulador.

El convenio regulador propuesto en el proceso de separación debe contener los mismos apartados que el que se presenta en el procedimiento de divorcio: cómo os haréis cargo de vuestros hijos; qué cantidad económica pasará al progenitor que tenga la custodia, o en caso de ser custodia compartida, cómo se harán los pagos; quién se quedará la vivienda familiar; régimen de visitas para los abuelos y en definitiva cualquier aspecto familiar que haya que regular. Existen ocasiones en las que si ambos cónyuges están de acuerdo se puede mantener el convenio regulador establecido en la separación en un posterior procedimiento de divorcio, siempre que sea acorde a la situación de los hijos (si los hay) y a la de los cónyuges.

Desde que la sentencia de separación o decreto sea firme, es decir, que haya transcurrido el tiempo necesario para recurrir y no se haya hecho o, que se haya recurrido y el tribunal haya dictado la resolución de dicho recurso determinando además su firmeza (en uno u otro caso, la firmeza será notificada mediante un auto del tribunal), los actos económicos de los casados no sumarán ni restarán al régimen económico matrimonial. Esto significa que los patrimonios estarán separados.

El abandono de hogar y el abandono de familia

Hablemos ahora de un tema algo sensible. A nadie le gusta tratar estos temas, pero a veces podemos encontrarnos con circunstancias en las que es necesario poseer un conocimiento adecuado. Veamos por ejemplo el caso de una clienta a la que llamaremos María del Carmen. Un día nos llegó un mensaje de esta mujer que nos decía que la relación con su marido, Sebastián, estaba en un punto de máxima tensión. La situación hacía imposible la convivencia, por lo que la clienta le dijo a su marido que la relación estaba muerta y que estaba buscando un alquiler para irse de casa, a lo que él le respondió que si se iba la denunciaría por abandono de hogar.

Suponemos que todo el mundo ha escuchado en algún momento el famoso "delito de abandono de hogar", o al menos la mayoría seguro que sí, y aunque se mencione como un delito (que no lo es, lo explicaremos más adelante), tiene mucha relación en los procedimientos, sobre todo, de separación. Esto se debe a que el abandono de hogar, como bien se puede deducir del propio nombre, describe el simple hecho de dejar el domicilio familiar, lo cual sucede, como hemos explicado anteriormente, en la propia separación. Tan solo podremos hablar de un verdadero delito cuando con la marcha del domicilio se perjudique a algún familiar conviviente que se encuentre en una situación vulnerable.

P › *¿Esto significa que en una separación se está cometiendo un delito?*

R › No, la palabra delito es muy escandalosa y suele producir una sensación de miedo, por ello es muy común asustarnos si no sabemos qué es y mucho más si nuestra expareja nos está amenazando con denunciarnos si nos marchamos del domicilio.

P › *¿Entonces cuándo se produce el delito exactamente?*

R › Para comenzar, hay que entender que no es lo mismo el abandono de hogar que el abandono de familia. El abandono de hogar implica únicamente que no se está viviendo en el domicilio que ha sido el centro de la convivencia familiar. En cambio, el abandono de familia hace referencia a la situación de dejar de cumplir con las obligaciones familiares, como, por ejemplo, en el caso de que la única persona que aporta medios económicos a la unidad familiar se marche dejando de contribuir privando a la familia del sustento necesario para vivir; o en caso de que existan menores de edad, se deje de atender a sus necesidades. Pero como ocurre siempre en el mundo del derecho, aunque las leyes sean comunes a todos, hay que estudiar siempre el caso, pues las particularidades de cada uno de ellos a veces marcan la diferencia.

P › *¿Cuándo entendemos por tanto que existe delito?*

R › Podemos entender que se está cometiendo un delito cuando se abandona el domicilio familiar y se desatiende las obligaciones para con el núcleo familiar o alguno de sus miembros, lo que incluye no solo las económicas, sino también las inherentes a la función de padres o tutores legales. Es decir, cuando se elude las responsabilidades que se tienen respecto a algún miembro de la unidad familiar dejándole en una situación de vulnerabilidad.

Además de lo mencionado anteriormente, este abandono debe ser por un período largo de tiempo. Si desde la marcha, siempre y cuando no se haya presentado demanda de divorcio, no han transcurrido más de treinta días, no habrá tenido lugar delito alguno. Esto no podrá aplicarse en todos los casos, habiendo veces que este tipo de conducta no supondrá la comisión de delito alguno, como en el caso en el que la persona que haya abandonado el hogar familiar lo haya hecho por huir de una situación insostenible o peligrosa, como puede ser una relación en la que se produzcan malos tratos, aunque se haya dejado al cónyuge en una situación vulnerable.

▶ **Artículo 226 del Código Penal:**

"El que dejare de cumplir los deberes legales de asistencia inherentes a la patria potestad, tutela, guarda o acogimiento familiar o de prestar la asistencia necesaria legalmente establecida para el sustento de sus descendientes, ascendientes o cónyuge, que se hallen necesitados, será castigado con la pena de prisión de tres a seis meses o multa de seis a doce meses".

Divorcio de común acuerdo

Llegado el caso en el que está todo decidido y la situación tan solo puede solucionarse con el fin del matrimonio, acabando con la convivencia y siguiendo caminos individuales por separado, el desenlace no tiene por qué estar lleno de disputas por quién se queda con los niños, cuánto se abona de pensión o quién se queda con la casa. Por el cariño que aún pueda existir, o el mero respeto mutuo, la opción menos lesiva a nivel personal es el divorcio de mutuo acuerdo, en el cual hay cabida para decisiones consensuadas que redunden en una mejor situación para las partes y para los menores a cargo (si los hubiera). Si este es el caso del lector, mejor quédate para saber qué hacer y qué os espera a tu pareja y a ti al haber optado por este procedimiento.

El procedimiento judicial y sus efectos

Al igual que en la separación legal, nos encontramos con un requisito temporal a la hora de plantear el divorcio, no nos podremos divorciar hasta transcurridos tres meses después de la celebración del matrimonio.

El procedimiento comienza con la presentación de la demanda de divorcio ante el juzgado, a la que irá anexada la propuesta de convenio regulador con el mismo contenido que hemos señalado en el caso de la separación legal

También podemos presentar el convenio regulador ante el letrado de la administración de justicia o hacerlo ante notario, pero cuidado, esto solo será una posibilidad si no hay hijos menores o si los hijos mayores de edad no tienen atribuida una tutela derivada de un procedimiento de modificación de la capacidad de obrar. En el caso de que no haya otra opción y haya que presentar la demanda ante el juzgado, ya sea porque hay hijos menores o hijos mayores dependientes, los cónyuges serán llamados individualmente por el letrado de la administración de justicia para ratificarse, lo que quiere decir que corroborarán que están de acuerdo con la demanda de divorcio.

Posteriormente, el juez se pronunciará sobre el divorcio, aceptándolo o denegándolo, cosa que también hará con el convenio regulador, pudiendo aceptar todo su contenido, solo una parte o denegarlo por completo. En este último caso, que no cunda el pánico, no todo está perdido, aún tendremos un plazo de diez días para volver a estudiar el convenio regulador y modificarlo.

El efecto de la sentencia es, por tanto, y como el lector ya podrá deducir, la disolución de matrimonio y su régimen económico matrimonial, lo que deviene en el establecimiento de unas medidas supuestamente óptimas para ambos excónyuges. Si la sentencia no es favorable a tus (o vuestros) intereses siempre cabe la posibilidad de recurrir. Si, posteriormente, tu situación o la de tu expareja cambia, podremos presentar una modificación de medidas, pero eso es algo que contaremos más adelante.

El procedimiento ante notario

Ya sabemos cómo es el procedimiento de mutuo acuerdo, pero veamos que ocurre si la pareja que pretende divorciarse no tiene hijos y quiere acudir ante notario.

Se trata de un procedimiento más sencillo, aunque también es cierto que el notario no lo hará todo: se deberá llevar el convenio regulador ya redactado por un abogado, el cual habrá de estar presente en el momento de la firma.

P › *¿Y qué ocurre cuando hay hijos mayores de edad?*

R › Aparentemente, se puede pensar que no hay ningún problema o que, simplemente, no es una circunstancia especial, pero no es así en todos los casos. Pongamos como ejemplo el caso de Lucía y Facundo, una pareja que tras cinco años de matrimonio decidieron ser uno más en la familia, naciendo así su hijo Aarón. Tras diecisiete años, y por motivos que no vienen al caso, Aarón se emancipó legalmente de sus padres. Esto provocó una crisis matrimonial que no pudo resolverse de ningún modo hasta que ese mismo año decidieron divorciarse. En este caso, por ejemplo, el menor emancipado tuvo que prestar su consentimiento en cuanto a las medidas del propio convenio que le afectaban a él. Esto ocurrirá también en caso de hijos mayores de edad a los que igualmente les afecten determinadas disposiciones del convenio regulador. Así, como hemos dicho antes, tendrán que prestar su consentimiento y deberán estar presentes en la firma de las escrituras ante notario.

 Pero *¿qué tipo de medidas pueden afectar a hijos mayores de edad?*

 En un primer momento puede ser un poco sorprendente e incluso puede no llegar a entenderse cómo las medidas de un convenio regulador pueden afectar a hijos mayores o a menores emancipados, por ello vamos a explicarlo con un ejemplo:

"César y Claudia llevan casados treinta años. Fruto de ese matrimonio nacen dos hijos: Fabio, de veinticinco años, y Augusto, de veinte años. Por devenires de la vida, el matrimonio termina optando por divorciarse mientras que los hijos aún viven en el domicilio familiar. Los dos hijos están estudiando y no tienen ingreso económico alguno. Cuando la pareja se sienta para hablar del divorcio terminan entendiendo que cumplen todos los requisitos para hacerlo ante notario, por lo que deciden contactar con un abogado para que les asesore y acompañe en el procedimiento. El abogado redacta la demanda y el convenio regulador recoge aspectos como que: será César quien se quede en el domicilio familiar y que: será Claudia quien transferirá una pensión de alimentos de 300 € debido a que esta tiene un trabajo cuya contraprestación pecuniaria es muy elevada, pero le exige mucho tiempo. Ambos estuvieron de acuerdo con dicho convenio".

En este caso, como hemos podido ver, tanto la atribución de la vivienda familiar como la pensión de alimentos son medidas que afectan de forma directa a la vida de ambos hijos ya que siguen viviendo en casa de sus padres y, en definitiva, son dependientes económicamente de ellos. Es evidente que se verán afectados, aunque sea mínimamente ¿verdad? Hablar con los hijos en estas situaciones puede ser una buena premisa, ya que, os podréis ahorrar sorpresas innecesarias y, además, se fomentarán las buenas relaciones en un proceso tan complicado como es un divorcio, lo cual no viene del todo mal, haciéndoles partícipes de un evento que en mayor o menor medidas los afectará.

Divorcio contencioso

Como ya venimos comentado a lo largo del libro, hoy en día es muy común que las parejas acaben divorciándose. Aunque que existen muchos más casos de divorcio amistoso, es bastante común acabar en un procedimiento contencioso. Se trata de un momento muy duro tanto para el demandante como el demandado, siendo muchas veces casi imposible no acabar litigando en los tribunales.

Todos sabemos que siempre es mejor llegar a un acuerdo que acabar en el juzgado, pero en ocasiones las parejas a la hora de divorciarse no encuentran un término medio entre las exigencias de cada uno y les resulta imposible llegar a un entendimiento.

Es cierto que para estos momentos existen otros medios para intentar llegar a un acuerdo como la mediación, de la que hablaremos más adelante, pero si ha sido imposible llegar a un acuerdo es necesario interponer demanda de divorcio ante los tribunales, pero antes de entrar a explicar el procedimiento hay que mencionar las medidas provisionales y las definitivas.

Medidas provisionales y su modificación

Para entender las medidas provisionales hay que ponerlas en contexto. Si hemos de recurrir a estas medidas no estamos en una situación en la que los dos miembros de la pareja están de acuerdo en todo respecto a las relaciones familiares. Las medidas provisionales son las normas que regirán las relaciones entre la familia en un procedimiento de divorcio hasta que finalmente haya un pronunciamiento judicial en forma de sentencia.

Muchos de vosotros os estaréis preguntando ya "*¿En qué momento se piden estas medidas?*" Existen dos momentos procesales para solicitar estas medidas:

- Pueden solicitarse antes de la demanda de divorcio.

- Pueden solicitarse en la propia demanda.

Se podrá solicitar un pronunciamiento urgente sobre temas que necesiten ser regulados con rapidez, ya que los procedimientos de divorcio pueden alargarse mucho en el tiempo. ¿Y qué puedo pedir en estas medidas? Se puede solicitar un pronunciamiento sobre la patria potestad, la guarda y custodia, régimen de visitas, pensión de alimentos, el uso de la vivienda familiar, prohibición de salida del territorio nacional o la fijación de la contribución a las cargas del matrimonio. Como hemos dicho antes, no podemos olvidar que estas medidas son provisionales y están supeditadas a la presentación de una demanda de divorcio, separación o nulidad matrimonial. Es muy importante recordar que si transcurridos treinta días desde la adopción de estas medidas no se presenta dicha demanda quedarán sin efectos. Igualmente, estas medidas quedarán sin efecto como es evidente cuando exista una sentencia que las sustituya o el procedimiento llegue a su fin por alguna causa.

El procedimiento judicial

Este proceso, como todo el mundo sabe, es largo y agotador, además de estar lleno de tensiones ya que se pone bajo la lupa de la justicia todos aquellos detalles que han formado parte de la vida privada del matrimonio. A grandes rasgos, el procedimiento comienza una vez interpuesta la demanda y finaliza con la sentencia de divorcio, estando entre ambos eventos la vista (juicio), que dependiendo del caso podrá ser más o menos dificultosa. Será necesario que los cónyuges estén representados por procurador y defendidos por abogado. Es muy importante entender que, aunque en los juzgados de familia suelen verse auténticos dramas familiares y mucho sufrimiento, desde la perspectiva legal todo está tasado y se tratarán todos esos asuntos de una forma aséptica.

En esta etapa, los cónyuges pueden llevar a cabo diferentes acciones para que el sufrimiento sea menor, y esto es algo que compete a ambas partes. Ambos deberán poner de su parte para ello, sobre todo, hasta que se dicte sentencia. Es fundamental tener en cuenta que, aunque no lo parezca, todo lo que podamos hacer para facilitar el

procedimiento será beneficioso para ambos. No se trata
de ceder en todo para que acabe cuanto antes, desde luego
esa tampoco es una buena idea, pero el procedimiento
puede llegar a desgastar a cualquiera y una buena transición hasta que se dicte sentencia puede marcar la diferencia entre un divorcio más o menos soportable a uno completamente infernal.

Como hemos comentado en el apartado anterior, podrán
existir unas medidas provisionales que finalmente serán
definitivas o se verán modificadas. Lo mejor que puede
hacer cada una de las partes es cumplir sus obligaciones
con la mayor diligencia posible para evitar problemas in-
deseados. El motivo principal de ello es que usted, mejor
que nadie, conoce a la que será su expareja; usted sabe si
a su expareja le va a molestar que tarde veinte minutos
más de la hora estipulada en entregarle su hijo cuando le
corresponde, si la respuesta es afirmativa, evítelo.

Obviamente, los errores existen, y no por ello se ha de
correr a interponer una denuncia contra el cónyuge que,
como en el ejemplo anterior, tarde en entregar al hijo en
el domicilio familiar. Si se encuentra en la posición contraria, es decir, es usted el que está esperando en casa a
que su expareja cumpla con la hora prevista, pero esta se
retrasa, lo más sensato es no tomar decisiones basadas en
el nerviosismo, porque los errores existen y si al más mínimo error usted va a tomar una posición agresiva gene-
rará en este proceso una tensión e incomodidad adicional
a la ya existente en el propio proceso judicial.

Esto no quiere decir que si su expareja no cumple lo acordado usted no deba hacer nada, si los incumplimientos son constantes lo mejor que puede hacer es dialogar desde el respeto e incluso plantear una mediación.

Lo que va a determinar el desarrollo de esta etapa será la **paciencia** de ambos cónyuges y su **compromiso** para que salga todo lo mejor posible. Esto no es lo más común, por ello también es muy importante **dejar a un lado los conflictos del pasado y las rencillas del matrimonio.** Usted/es no acuden a un juzgado para que su señoría determine en sentencia de quién ha sido la culpa de la ruptura, simplemente se examinarán cuestiones personales que afecten a dicha decisión. Por ello lo más recomendable es dejar de lado, en la medida de lo posible, los problemas que han derivado en esa situación, la pareja se ha roto y a estas alturas de la historia lo mejor es asumirlo e intentar que el divorcio sea lo más sencillo para ambos y no poner trabas a algo que ocurrirá inevitablemente. Aferrarse a algo que ya no existe tan solo puede traer dolor.

Otro de los problemas más comunes en los divorcios es cómo se utiliza a los hijos para hacer daño al otro cónyuge o hacerse daño mutuamente. Aunque abordaremos de manera más amplia el asunto de los hijos en el proceso de divorcio, es importante hacer un pequeño adelanto, y es que se debe mirar por y para los hijos, ya que son sus padres los que se están divorciando y es un hecho que, si además son menores, les afectará mucho a sus vidas. Por ello, ahórrense contarles a sus hijos lo malo que es su madre o su padre, pues lo único que conseguirán será provocar problemas tanto a ellos como a ustedes mismos. A este respecto, existe el **informe psicosocial,** una prueba muy útil que ayuda a su señoría a decidir sobre la custodia de los menores que se basará principalmente en una valoración psicológica de cada uno de los progenitores, así como la relación que tienen los hijos con estos, su rutina y el entorno. Es indiscutible que, si alguno de los progenitores está en una posición poco favorable frente al otro progenitor, esto se verá reflejado en el informe. Dicho informe consiste en la realización por parte de los padres de unos cuestionarios de personalidad, así como en una entrevista con un psicólogo y un trabajador social. De esta forma su señoría, que es quien decidirá todo al final, puede hacerse una idea no solo del estado psicológico de los padres y de los menores, sino de la situación en que se encuentran como familia.

Los menores y sus intereses

El Ministerio Fiscal y los menores

Como hemos mencionado en el anterior capítulo, en los procedimientos contenciosos los cónyuges están representados por procurador y defendidos por abogado, pero hay algo que no se puede olvidar y es que lo importante aquí realmente, en caso de haber hijos menores, es la situación en la que van a quedar ellos y como les afectará el divorcio.

En los procedimientos en los que hay hijos menores y se dirime sobre la custodia, siempre se va a mirar por sus intereses que, como hemos dicho, estarán siempre por encima de aquello que los padres soliciten. Esto se conoce como "interés superior del menor".

P › *Pero ¿el Ministerio Fiscal qué función tiene concretamente en el juicio?*

R › Esta pregunta nos la formuló un cliente cuando le dijimos que el Ministerio Fiscal también estaría presente en su procedimiento de divorcio y, tal como le dijimos a él, no nos cabe duda de que los primeros que se preocupan por el bienestar de los menores son sus propios padres, al menos en la mayoría de los casos, pero no son los únicos que velarán porque sus intereses se respeten y sean lo más importante en el procedimiento. Esta función de velar por los menores la llevará a cabo el propio juez, cuyo criterio será el de más peso, y también el Ministerio Fiscal, cuya única misión en este tipo de procedimientos es proteger a los menores.

El síndrome de alienación parental

El síndrome de alienación parental, o SAP, consiste en una serie de conductas hacia los hijos menores cuya finalidad es lograr que se produzca un rechazo hacia el otro progenitor. Se suele desarrollar en el contexto judicial de la guarda y custodia, aunque no se excluye que se produzca fuera de este contexto como también en un procedimiento de modificación de medidas. Como comentamos en el epígrafe del procedimiento judicial, existen conductas de los padres que no deben llevarse a cabo, en primer lugar, por el bienestar de los hijos, y, en segundo lugar, por las consecuencias jurídicas que ello puede conllevar. El SAP puede ser considerado como una forma de maltrato infantil y aunque en España no esté directamente regulado, sí se menciona en diversas sentencias de nuestro país al igual que en otras emitidas de forma reiterada por el Tribunal Europeo de Derechos Humanos. Es un síndrome que ha abierto un debate extenso y poco concluyente en cuanto a su aplicación en los procesos judiciales, ya que existen tribunales que lo aplican y tribunales que lo rechazan rotundamente.

Para que exista dicho síndrome debe haber una manipulación por parte de uno de los progenitores directamente hacia el hijo con la intención de que este rechace al otro progenitor. Hay variadas formas de manipular a un menor, las más comunes en estos casos suelen ser: contarle al hijo que su padre o su madre son malos, mentirles acerca del otro progenitor, inducirles miedo respecto a cualquier elemento objetivo o subjetivo presente en la vida del otro progenitor, etc. Es importante recalcar que dichas manipulaciones pueden revestir de múltiples formas, para que sea más fácil de entender expondremos a modo de ejemplo el caso de María y Pablo, ambos personajes ficticios:

"María y Pablo estuvieron casados nueve años. Aunque ya en los primeros años de matrimonio la relación no fuera del todo bien, al segundo año nació Elena. Pablo trabajaba todo el día y tenía muy poco tiempo para estar con Elena. Además, debido a su trabajo precario, el poco tiempo que tenía libre lo pasaba en casa con su familia, ya que las deudas le ahogaban. María trabajaba a tiempo parcial para poder hacerse cargo de su hija, ya que por el poco tiempo del que disponía Pablo, se le hacía imposible contar con él. A medida que los años fueron pasando, los problemas económicos y de pareja aumentaron, llegando a un punto irreversible y decidiendo su fin con el divorcio. En un principio, ambos acordaron llevar a cabo un divorcio de mutuo acuerdo, pero rápidamente se vieron inmersos en un procedimiento contencioso y en la lucha por la custodia de Elena. La niña, que estaba bajo la custodia de María de forma provisional, había dejado de ver a su padre. Según la madre, Elena no quería ver a Pablo, se negaba a ir los fines de semana que le correspondía al domicilio del padre y de su actual pareja, ya que Pablo había rehecho su vida sentimental. La niña se negaba incluso a ponerse al teléfono cuando su padre la llamaba. Pablo habló con María y consiguió ver a su hija un fin de semana. Ya en el domicilio de este, Elena le contó a su padre que tenía miedo a verle y a estar con él porque 'Era un hombre malo que le había hecho mucho daño a mamá'. Pablo, en su asombro, le preguntó quién le había dicho eso y tras mucho insistir la pequeña le dijo que su madre le había contado que 'Papá había abandonado a mamá, que era un hombre muy malo porque estaba con otra mujer, que ya no quería a su hija y que la novia de papá era muy mala, que tenía que dejar de verlo porque le haría mucho daño'".

Por lo anteriormente relatado, el lector puede deducir, especialmente por el bienestar del menor, que no es una conducta correcta. Puesto que, tenga la denominación de síndrome de alienación parental, manipulación o cualquier otro nombre, es un acto totalmente inexcusable, que además es muy complicado de ocultar, pues como todo el mundo sabe, los niños son muy expresivos y tarde o temprano sale siempre a la luz este tipo de hechos.

Esto, para cualquier menor puede acarrear consecuencias psicológicas a largo plazo, incluso llegando a afectarles en su vida adulta. No sería la primera vez que un adulto se ve en la necesidad de recurrir a profesionales de la salud mental por problemas así.

A continuación, expondremos dos sentencias, una de ellas reconoce el síndrome de alienación parental y la otra, por el contrario, lo descarta.

La primera sentencia se refiere al recurso presentado ante la modificación de medidas solicitada por don M contra doña T. Ambos estuvieron casados y tuvieron una hija en común, M. V. Doña T recurrió dicha sentencia que atribuía la custodia al padre don M, ya que no estaba de acuerdo con la decisión del juez, y en la resolución del recurso por parte de la Audiencia Provincial se trata el porqué de dicha resolución. Como hemos dicho, doña T no estaba de acuerdo con la sentencia que había atribuido la custodia a don M. Dicha sentencia no solo atribuye la custodia al padre, sino que también *se suspende cautelarmente a la madre, Dña. T, de cualquier régimen de visitas para con su hija M. V., prohibiéndose asimismo hasta que se lleve a cabo un nuevo informe pericial por el psicólogo adscrito a este órgano judicial, el cual deberá llevarse a cabo en un plazo de cuatro meses a partir de la fecha de la presente resolución. Hasta entonces, queda restringido todo contacto de la hija con su madre y con su entorno, incluido en este su hermano A, incluso telefónico*". Por ello, se determina la fecha y el lugar en el que el padre deberá de recoger a la menor y advirtiendo a la madre de que en *el caso de entorpecer directa o indirectamente la entrega de la menor se procederá a la entrega forzosa de la niña a su padre en los concretos términos que se estimen necesarios*". Además, también se añade *se determina que la menor M. V. debe de acudir a una terapia personalizada, bien utilizando los servicios del Centre de Support Familiar, bien acudiendo a la psicóloga que ya viene tratando al padre desde hace años a fin de mejorar su estado psíquico. La persona que lleva a cabo el tratamiento terapéutico de M. V. deberá rendir informes quincenales a este juzgado…".*

En esta sentencia, se recoge el contenido del recurso interpuesto por el procurador de doña T, y en él se hace hincapié en varios puntos que desgranaremos a continuación y además recogeremos qué opina la Audiencia Provincial al respecto:

1. Que si bien es cierto que el juez ha determinado que no es relevante cuál es el **tipo de síndrome de alienación parental,** no está de acuerdo con dicha afirmación ya que las medidas interpuestas por este deberían estar relacionadas con la gravedad del síndrome:

"Que son varias las ocasiones en las que la resolución objeto del recurso se refiere al síndrome de alienación parental (más citando a peritos que así han calificado la situación), sin que, sin embargo, conste en la sentencia una verdadera y propia conceptualización de dicho síndrome. Cuando es fundamental, dado las drásticas medidas que se toman y precisamente en beneficio de la menor, conceptuar dicho síndrome para a partir de entonces estudiar y analizar si en el caso que nos ocupa se da el mismo y en qué grado. Por tanto —se añade en el recurso— se discrepa totalmente del juez *a quo* que resulta indiferente si estamos ante un SAP severo o moderado-severo, no es indiferente, porque de existir este SAP, la intensidad del mismo es el que da pauta para arbitrar unas u otras medidas".

Continuando con el recurso de doña T y respecto también al SAP, **se niega la existencia de dicho síndrome:**

"Que en el caso que no ocupa, no existe el síndrome de alienación parental y no existe porque no concurren los presupuestos previos para su diagnóstico ni se dan el conjunto de síntomas para su apreciación y estimación y mucho menos en grado severo. M. V. siempre ha tenido la referencia de ambos progenitores, jamás se han interrumpido las visitas, jamás ha transcurrido un periodo de tiempo, más o menos prolongado, sin que la menor tuviere contacto con su padre. Si hablamos de una condición necesaria para que exista el SAP, que es obvio que en este caso no se ha producido, no cabe, por tanto, siquiera hablar de SAP, ni en grado leve, ni en grado moderado, ni en grado severo. A mayor abundamiento cabe afirmar que M. V. no odia a su padre, que M. V. no se niega a ir en compañía de su padre, M. V. ni ha injuriado ni ha insultado a su padre jamás".

Añade a continuación con relación de nuevo al síndrome y al **mal diagnóstico:**

"Que todos los autores coinciden en señalar que para un adecuado diagnóstico del síndrome de alienación parental es importante, fundamental, analizar la situación existente previa a la crisis de la convivencia y al cese de la convivencia. Pues bien, de dicho análisis no cabe sino concluir que el Sr. M no era para M. V. un padre implicado en su vida, en sus quehaceres cotidianos, en sus cuidados y atenciones".

La Audiencia Provincial se muestra de acuerdo con la afirmación de que para llevar a cabo un **correcto diagnóstico** es necesario analizar la situación anterior al problema surgido de la convivencia, pero, también discrepa en cuanto a las pocas atenciones por parte del padre:

"Sin embargo, en lo que no podemos estar de acuerdo es en la falta de habilidades parentales que se pretende imputar al padre, durante la convivencia. Pues el hecho de que la Sra. T fuera la que se ocupara, en su mayor parte, del cuidado directo de la hija, no supone que no existiera una buena relación afectiva entre padre e hija. Siendo significativo a tales efectos, destacar lo manifestado por el hijo de la Sra. T en su declaración prestada en el acto del juicio, cuando indicó que M fue como un padre para él y que fue un buen padre. Lo que necesariamente debe conducir a concluir que, si fue un buen padre para el hijo de la Sra. T, nacido de una relación anterior de ésta, debió serlo igualmente para la que era su propia hija".

2. Otro de los puntos a tener en cuenta de esta sentencia es el **informe psicológico** de la menor que los magistrados de la Audiencia Provincial hacen referencia en el fundamento cuarto, siendo un informe crucial para el fallo de dicha sentencia y elaborado en el contexto de la modificación de medidas:

"Que a pesar de las diferentes versiones dadas por cada progenitor hay que decir que coinciden en el hecho de señalar que el régimen de visitas se lleva a cabo con múltiples dificultades protagonizando a menudo verdaderos conflictos en presencia de la menor con todo el daño que ello genera y que los progenitores parecen olvidar. Se sigue indicando en dicho informe que la postura de la Sra. T es la de solicitar una clara reducción del régimen de visitas en especial las pernoctas y los periodos vacacionales. Para ello alega dos razones fundamentales, la negativa de su hija a querer ir con su padre y el consumo de cocaína y alcohol por parte del Sr. M. En primer lugar, quiero dejar bien claro que no se han encontrado evidencias de que el Sr. M sea adicto a ningún tipo de sustancias. Lo que si es cierto es que dicho señor presentaba y presenta en ocasiones cierto malestar psíquico derivado de la situación familiar en la que se encuentran y es por ello que decidió solicitar ayuda especializada pero que nada tiene que ver con el consumo de determinadas sustancias. En la valoración y conclusiones de tal informe se hace constar lo siguiente: 'El estado psíquico actual de la menor no es el adecuado para una niña de su edad. Ella se encuentra inmersa en una batalla entre sus progenitores que le impide poder desarrollarse de una manera libre y sana'.

A pesar de todo lo alegado y sucedido a lo largo de los meses precedentes la valoración que M. V. hace y siente de la relación con su padre es positiva y muy satisfactoria para ella lo cual debería poder expresar libremente a su madre sin pensar que la está traicionando tanto a ella como a su hermano y esto es algo que solo su madre podrá lograr. De lo contrario a M. V. no le queda más remedio que seguir verbalizando su negativa a estar con su padre con todo el perjuicio que ello conlleva. No se ha detectado ningún elemento negativo en el tiempo que la menor pasa con su padre".

3. De nuevo el tribunal, como es costumbre en la resolución de un recurso, hace referencia a la sentencia que se recurre, ya que como hemos indicado en el punto primero, la representación de doña T señala que el juez ha llevado a cabo un mal diagnóstico:

"Dicho juzgador razona que establecido lo anterior y siendo obvio que como nadie ignora ya en este momento tras el examen de los tres informes anteriores ha de colegirse que la psicología no es una ciencia exacta —tampoco lo es desde luego el derecho— este tribunal (sic) entiende que no cabe afirmar que la situación que existe actualmente sea la de un mero conflicto de lealtades de M. V. con ambos progenitores, sino que el estadio actual de la situación de M. V. es la de una niña que ha asumido casi en su totalidad las tesis maternas sobre su padre y la familia paterna como consecuencia de la prolongada manipulación de la que ha sido objeto por su madre —consciente o inconscientemente— y que en este momento presenta una relación patológica en la forma de relacionarse tanto con su padre como con su madre que en la medida de lo posible debe de ser corregida. Con absoluta independencia de que podamos referirnos a la situación de M. V. como un SAP severo o moderado-severo y con independencia asimismo en este punto de que la Sra. T. haya llevado a cabo todas las conductas manipulativas en ejecución de un plan preconcebido o a causa de tratar de sobreproteger a su hija hasta extremos patológicos, de lo que no cabe duda —se sigue razonando en la sentencia de instancia— es que el estado psíquico de M. V. es absolutamente inadecuado y que muchos de sus comportamientos —escribir un diario de todas las actividades que realiza con su padre durante un verano—, con comentarios de disvalor, (conducta a la que sin embargo los psicólogos Sres. L. y C., casi no dieron importancia, entendiendo que lo incorrecto era que el padre hubiera vulnerado la intimidad de la niña, haciendo copia de su diario), negativa a entablar contacto verbal con su padre y con el entorno paterno, rechazo de cualesquiera posiciones contrarias a su madre, llevanza de bolsas con comida y bebida cuando va a estar con el padre (tampoco a este hecho le dieron importancia los Sres. L. y C.) revelan que M. V. precisa de una ayuda terapéutica profesional que nunca podrá resultar eficaz en el entorno materno".

A lo que los magistrados manifiestan estar de acuerdo con el juez:

"Dicho juzgador razona que establecido lo anterior y siendo obvio que como nadie ignora ya en este momento tras el examen de los tres informes anteriores ha de colegirse que la psicología no es una ciencia exacta —tampoco lo es desde luego el derecho— este tribunal (sic) entiende que no cabe afirmar que la situación que existe actualmente sea la de un mero conflicto de lealtades de M. V. con ambos progenitores, sino que el estadio actual de la situación de M. V. es la de una niña que ha asumido casi en su totalidad las tesis maternas sobre su padre y la familia paterna como consecuencia de la prolongada manipulación de la que ha sido objeto por su madre —consciente o inconscientemente— y que en este momento presenta una relación patológica en la forma de relacionarse tanto con su padre como con su madre que en la medida de lo posible debe de ser corregida. Con absoluta independencia de que podamos referirnos a la situación de M. V. como un SAP severo o moderado-severo y con independencia asimismo en este punto de que la Sra. T haya llevado a cabo todas las conductas manipulativas en ejecución de un plan preconcebido o a causa de tratar de sobreproteger a su hija hasta extremos patológicos, de lo que no cabe duda —se sigue razonando en la sentencia de instancia— es que el estado psíquico de M. V. es absolutamente inadecuado y que muchos de sus comportamientos —escribir un diario de todas las actividades que realiza con su padre durante un verano—, con comentarios de disvalor, (conducta a la que sin embargo los psicólogos Sres. L. y C., casi no dieron importancia, entendiendo que lo incorrecto era que el padre hubiera vulnerado la intimidad de la niña, haciendo copia de su diario), negativa a entablar contacto verbal con su padre y con el entorno paterno, rechazo de cualesquier posición contraria a su madre, llevanza de bolsas con comida y bebida cuando va a estar con el padre (tampoco a este hecho le dieron importancia los Sres. L. y C.) revelan que M. V. precisa de una ayuda terapéutica profesional que nunca podrá resultar eficaz en el entorno materno… Igualmente se hace referencia al contenido del auto recaído en dicho procedimiento en fecha 3 de abril de 2004, en el cual se dispuso expresamente —y ante los numerosos problemas habidos y las faltas escolares y de la niña en martes o jueves que debía recogerla el padre— que en el caso de que la niña se hallara enferma o en el que por cualquiera otra causa no hubiera ido al centro escolar, el padre debería recuperar los días perdidos.

También se hace referencia al diario que escribió M. V. de todas las actividades que realizó con su padre durante un verano, con comentarios de disvalor y sin expresar sentimiento de afecto alguno hacia su padre. En dicho diario cuando M. V. se refiere a su padre no lo hace como 'papá' o 'papi' sino por su nombre M; refiriéndose, por otra parte, a la abuela paterna como la 'víbora'(sic). Manifestando la Sra. T en su declaración prestada en el acto del juicio y a preguntas del

Ministerio Fiscal, que sabía que M. V. escribía en una libreta y que la niña le manifestó que lo hacía porque se encontraba sola, no tenía el afecto de su padre y como no podía hablar con nadie escribía en la libreta. Que se trata de una decisión de la niña y que ella no lo ve ni bien ni mal. No lo ve mal porque lo ve como una forma que tiene la niña de comunicarse durante los quince días que está con su padre y que está incomunicada total. Debe hacerse referencia también a que, según reconoció la Sra. T en su declaración prestada en el acto del juicio en los momentos de entrega de la menor al padre (en los periodos de quince días del verano) se suceden situaciones de estrés y llanto de la menor al negarse a salir del coche de su madre, debiéndola de coger esta en brazos para que pueda tener lugar la referida entrega al padre.

Por lo que se refiere a los tipos de SAP, el psicólogo sr. F, en el libro al que antes nos hemos referido y al que también se refiere la parte apelante en distintos puntos de su recurso de apelación, distingue los siguientes: tipo leve, tipo moderado y tipo severo.

Atendiendo a las conductas o situaciones que se contemplan al referirse a cada uno de ellos, en el supuesto de autos no podemos considerar que nos hallamos ante un SAP de tipo leve, sino que ya lo debemos de clasificar en el tipo de moderado a severo, cuya solución debe ser la que ha adoptado el juez a quo en la sentencia de instancia. Pues conforme señala F la intervención mediante medicación o terapia familiar únicamente es viable en los tipos leves de SAP. Las intervenciones en los tipos de SAP moderado y severo deben ser acompañadas en un estricto apoyo judicial y policial que permita la separación del hijo alienado de sus fuentes de alienación —progenitor y familia extensa—, todo ello bajo supervisión y compromiso de los profesionales responsables".

En consecuencia a todo lo señalado anteriormente la Audiencia Provincial falló que el recurso planteado por doña T quedaba inadmitido manteniéndose todo lo dictado por el juez en la sentencia de modificación de medidas solicitadas por don M.

La segunda sentencia no solo determina la inexistencia del SAP, sino que también pone de manifiesto la situación que se está viviendo hoy en día y es que, también se determina que el SAP no posee base científica y es por ello que el Observatorio contra la Violencia Doméstica y de Género del Consejo General del Poder Judicial recomienda que no se tome en consideración por los tribunales. Como se puede observar hay opiniones enfrentadas en lo relativo a este síndrome.

Este caso está resuelto también por una Audiencia Provincial y narra de nuevo el procedimiento de modificación de medidas interpuesto por el padre, siendo la madre la que en ese momento tenía la guarda y custodia de los hijos y teniendo el padre un régimen de visitas estipulado. En el procedimiento de modificación de medidas, el juez determina el cambio del régimen de visitas, pero, aun así, el padre, que es quien inicia el procedimiento, no está de acuerdo con dicha resolución, puesto que no solamente había solicitado un cambio en el régimen de visitas, sino también solicitó la guardia y custodia de los menores, por lo cual, la recurre.

El procedimiento de este caso es largo, ya que, como veremos a continuación, antes de que el padre solicitara la modificación ya se atisbó dificultades en el entendimiento entre ambos padres.

La sala destaca los siguientes hechos:

1. **El cumplimiento del régimen de visitas estaría siendo bastante conflictivo** como se ha demostrado en anteriores momentos procesales cuyo consejo es la derivación de dichos conflictos al punto de encuentro familiar (PEF):

"El 19 de septiembre de 2014, en el procedimiento de ejecución número 1275/14, instado por el ahora demandante, se dictó auto despachando ejecución requiriendo a la ahora demandada para que cumpliera el régimen de visitas y, tras practicarse prueba pericial por el equipo psicosocial del Juzgado, el 19 de septiembre de 2016 se dicta auto en el que se acuerda estimar en parte la oposición y continuar con la ejecución despachada, siendo en lo sucesivo el lugar de intercambio de los menores el PEF, debiendo el padre aportar el correspondiente cuadrante de sus turnos de trabajo a fin de objetivar el régimen a aplicar. En los razonamientos jurídicos de esta resolución se hace constar que es necesaria la intervención del PEF ante la conflictividad existente entre los progenitores y la absoluta falta de entendimiento, siendo la causa del incumplimiento del régimen de visitas imputable a ambas partes".

Cabe destacar que se entiende por parte del juez que el hecho de que el cumplimiento de las visitas sea complicado es responsabilidad de ambos padres.

2. El porqué de que el juez que dictó la modificación de medidas desestimara que el padre tuviera la custodia exclusiva de los hijos:

"La sentencia de instancia estima la segunda pretensión subsidiaria de la demanda aumentando el régimen de visitas entre el padre y los hijos, pero desestima el cambio del sistema de guarda y custodia materna al considerar que el interés de los hijos es que se normalicen las relaciones familiares a través del régimen de visitas, pero no se considera que sea beneficioso ni de interés para los hijos el sistema de custodia exclusiva paterna ni el sistema de custodia compartida, evaluando que si ya ha sido dificultoso el conseguir el cumplimiento del régimen de visitas, el cumplimiento de estas medidas que solicita el actor, se torna imposible, dada la edad de los menores y el apego que tienen hacia la madre, por lo que solo podría obtenerse, con ello, la continuación y aumento de la conflictividad existente, así como el rechazo de los hijos. Además, el padre carece de toda disponibilidad, dado que, de su interrogatorio, describe los turnos semanales en los que trabaja, resultando que siempre lo hace de tarde, si bien este horario solo ha de considerarse de forma indiciaria, ya que el actor no lo acredita de ninguna forma, resultando imposible hacerse cargo de los hijos pues trabaja en las horas, en las que, normalmente habrá de recoger y atender a los menores".

3. Se recoge por parte de la sala la fundamentación del padre en cuanto a la causa de la solicitud de guarda y custodia, que es la **supuesta manipulación de la madre hacia sus hijos,** que se materializa en la dificultad de llevar a cabo el régimen de visitas:

"Frente a esta sentencia interpone recurso de apelación el demandante a fin de que se acuerde el cambio de guarda y custodia, pasando a ostentarla en exclusiva el padre o, subsidiariamente, de forma compartida con la madre, pretensión revocatoria que fundamenta, en síntesis, que la demanda se interpuso por el absoluto desprecio y menosprecio de la madre a la relación paterno-filial, incumpliendo durante más de cuatro años reiteradamente el régimen de visitas de los hijos comunes con su padre, sin llegar a dejar de incumplir en ningún momento, centrándose la demanda en que la modificación era la única forma de que las relaciones de los menores con sus progenitores se normalizaran, dado que la madre impedía constantemente la relación de los mismos con su padre, así como influía negativamente en ellos hablándoles mal de él, a lo que ha de añadirse que los menores están siendo manipulados por la madre para que no quieran estar con su padre, tal como resultó acreditado de los informes psicológicos emitidos en dos ocasiones (uno en el Juzgado de Violencia de Género y otro por el Juzgado de Familia de 3 de junio de 2016), por lo que, en conclusión, la resolución de instancia no ha resuelto absolutamente nada, continuando todo a merced y al antojo de lo que disponga la madre, que, en definitiva, no es más que el que los hijos tengan la menor relación posible con el padre; empleando para ello estrategias varias que no hacen sino perjudicar gravemente al desarrollo personal y emocional de los niños".

4. Lo que se debe de tener en cuenta para llevar a cabo una modificación de la guarda y custodia de los menores es la **protección del interés del menor.**

Uno de los criterios generales que se tendrán en cuenta a efectos de la interpretación y aplicación en cada caso del interés superior del menor:

"La consideración de los deseos, sentimientos y opiniones del menor, así como su derecho a participar progresivamente, en función de su edad, madurez, desarrollo y evolución personal, en el proceso de determinación de su interés superior".

Y es en este aspecto que los magistrados de la Audiencia Provincial se refieren a lo aplicado en la sentencia que desestima el cambio de la guarda y custodia para el padre, ya que está correctamente interpretado y es acorde a lo ya mencionado en otras sentencias:

> "La sentencia recurrida es la acorde a la doctrina jurisprudencial… tras recordar que la cuestión solo puede ser analizada desde el punto de vista de si se ha aplicado incorrectamente el principio de protección del interés del menor, señala que la razón se encuentra en que 'el fin último de la norma es la elección del régimen de custodia que más favorable resulte para el menor, en interés de este'. Siempre deberá tenerse en cuenta que el interés del menor constituye una cuestión de orden público. Se trata de procurar que los derechos fundamentales del niño resulten protegidos y que ello suceda de forma prioritaria y preferente a los de los demás implicados, debido a la falta de capacidad del menor para actuar defendiendo sus propios intereses".

En este aspecto, aplicar protección al interés del menor no surge como un castigo, sino como una herramienta para determinar la guarda y custodia. Esto puede parecer a ojos del lector que no tiene que ver con el caso planteado, pero lo es ya que el argumento en el que se basaba el padre para solicitar la guarda y custodia, como hemos visto en el punto anterior, es que es la madre quien obstaculiza el cumplimiento del régimen de visitas, cuando ya ha quedado probado en anteriores procedimientos que la responsabilidad de que no se lleve a cabo es de ambos padres:

"En el caso enjuiciado, si bien no se ha citado expresamente el artículo 776.3 de la LEC, la pretensión actora del cambio de guarda y custodia de los hijos se fundamenta en dicho precepto al concurrir todos sus elementos ya que se basa, no en alguna alteración de las circunstancias, sino exclusivamente en el incumplimiento reiterado del régimen de visitas por la madre, progenitora custodia, argumentando la dirección letrada del demandante la conveniencia de tal cambio en que sería una forma de sanar a los hijos de la manipulación a la que los somete la madre contra el padre. Ante esta argumentación cabe recordar, en primer lugar, que el auto que finalizó el procedimiento de ejecución del régimen de visitas determinó que la causa del incumplimiento del régimen de visitas es imputable a ambas partes, a lo que debe añadir esta sala que el incumplimiento del régimen de visitas tiene su origen en el convenio regulador firmado por las partes en el que prácticamente se condicionaban las estancias de los menores con el padre a la jornada laboral de este, la cual, tras la prueba de interrogatorio del demandante, sigue sin estar acreditada. Por lo tanto, la argumentación recurrente decae al partir de la premisa cuestionada de que el incumplimiento del régimen de visitas es imputable solo a la madre, haciendo así el demandante recurrente supuesto de la cuestión".

5. De cualquier manera, el tribunal no quiso dejar pasar la siguiente aclaración y es que inclusive si hubiera quedado demostrado que el incumplimiento del régimen de visitas fuera responsabilidad de la madre, ya que el cambio igualmente debe establecerse teniendo en cuenta las necesidades de los menores. Tampoco deja pasar la siguiente aclaración sobre lo manifestado por el padre en cuanto a que es la madre la que lleva a cabo manipulaciones sobre sus hijos:

"Por otra parte, el Observatorio contra la Violencia Doméstica y de Género del CGPJ ha instado al fomento, entre los operadores jurídicos, de un mejor conocimiento del llamado Síndrome de Alienación Parental (SAP) para evitar que, dada su carencia de base científica, pueda ser tomado en consideración por los órganos judiciales, lo que ha recogido la reciente Guía de Criterios de Actuación Judicial en materia de custodia compartida de 25 de junio de 2020 del CGPJ en la que se afirma: **'no puede fundamentarse un cambio en el régimen de custodia en el mal denominado síndrome de alienación parental, que carece de todo reconocimiento médico-científico'.** Ese denominado síndrome es conocido como el conjunto de síntomas que resultan del proceso por el cual un progenitor, mediante distintas estrategias, transforma la conciencia de sus hijos con objeto de impedir, obstaculizar o destruir sus vínculos con el otro progenitor, hasta hacerla contradictoria con lo que se esperaría de su condición, logrando provocar el progenitor alienador mediante un mensaje y un programa constituyendo lo que normalmente se denomina 'lavado de cerebro', desarrollando los hijos que sufren este síndrome un odio patológico e injustificado hacia el progenitor alienado. Esta sala comparte las profundas dudas científicas sobre la propia existencia de ese síndrome, y, en su caso, sus causas, consecuencias y soluciones. No obstante, sin entrar en dicho debate científico porque no es objeto de una resolución judicial, aun si partiéramos de la posible existencia en términos generales de ese síndrome, en este caso no concurrirían los elementos que lo definen por sus propios creadores, y así, caracterizándose dicho síndrome porque los hijos sufren un odio patológico e injustificado hacia el progenitor alienado, en este caso los sentimientos negativos del hijo mayor hacia el padre podrían estar justificados por las vivencias del propio niño que resultan de las actuaciones, de ahí que pueda ser causa distinta a la alienación de la madre el rechazo o temor que el menor siente hacia el padre".

6. La sala en cuanto a la concreta situación familiar del caso entiende que aunque existiera el síndrome, la solución no pasaría por cambiar la guarda y custodia, que ya se intentaron otras soluciones para la mejora de las relaciones y el padre no se mostró colaborativo:

"En todo caso, aun cuando existiera ese síndrome y el menor lo padeciera, desde luego la solución del problema nunca va a estar en obligar al menor a convivir con el progenitor respecto del que incluso se resiste al cumplimiento del régimen de visitas, porque el sufrimiento del menor es real y solo podría disiparse mediante los tratamientos que requieran la unidad familiar, sobre todo el progenitor paterno a fin de adquirir unas habilidades mínimas para conseguir el bienestar de los menores cuando están en su compañía. En este sentido, a pesar de los esfuerzos realizados por la dirección letrada del demandante en su interrogatorio, fue contundente la psicóloga del equipo técnico del juzgado que emitió uno de los informes periciales en afirmar que en ningún caso la solución del rechazo del hijo mayor a relacionarse con el padre sería que este ostentara la guarda y custodia del menor, sino que esta medida sería contraproducente, teniendo en cuenta la edad adolescente del hijo, siendo la solución únicamente terapéutica.

Pues bien, a pesar que desde hace años los profesionales han concluido en que la situación conflictiva de la unidad familiar requiere una solución terapéutica, el demandante abandonó la terapia familiar iniciada al ser su opinión que eso no servía para nada, tal como manifestó en el acto de la vista, lo que lleva a esta sala a la conclusión de que el demandante continúa victimizándose por la situación creada sin poner nada de su parte para llegar a una normalización de las relaciones con sus hijos y, ante esta conclusión, resultan estériles los argumentos recurrentes".

Como se puede deducir de lo comentado de la sentencia, la Audiencia Provincial desestimó el recurso presentado por el padre.

La custodia y el derecho de visitas

La guarda y custodia es el concepto que hace referencia a con quién convivirá el menor una vez se haya producido el divorcio o separación. Esta podrá llevarse a cabo por parte de un solo progenitor o por ambos, lo que popularmente se conoce como "custodia compartida", la cual no se debe confundir con la patria potestad, concepto que explicaremos en el próximo apartado.

Quién tendrá la custodia del menor será una cuestión que decida el juez en sentencia, los progenitores solicitarán cada uno la que estimen oportuna, y junto a esa petición manifestada en la demanda de divorcio, también se propondrá un régimen de visitas para el progenitor que no tenga la custodia en caso de solicitar la custodia de uno solo de ellos. El derecho de visitas es inviolable excepto que exista una resolución judicial que limite dicho derecho.

▶ **Artículo 94 del Código Civil:**
"La autoridad judicial determinará el tiempo, modo y lugar en que el progenitor que no tenga consigo a los hijos menores podrá ejercitar el derecho de visitarlos, comunicar con ellos y tenerlos en su compañía.

Respecto de los hijos con discapacidad mayores de edad o emancipados que precisen apoyo para tomar la decisión, el progenitor que no los tenga en su compañía podrá solicitar, en el mismo procedimiento de nulidad, separación o divorcio, que se establezca el modo en que se ejercitará el derecho previsto en el párrafo anterior. La autoridad judicial adoptará la resolución prevista en los párrafos anteriores, previa audiencia del hijo y del Ministerio Fiscal. Así mismo, la autoridad judicial podrá limitar o suspender los derechos previstos en los párrafos anteriores si se dieran circunstancias relevantes que así lo aconsejen o se incumplieran grave o reiteradamente los deberes impuestos por la resolución judicial.

No procederá el establecimiento de un régimen de visita o estancia, y si existiera se suspenderá, respecto del progenitor que esté incurso en un proceso penal iniciado por atentar contra la vida, la integridad física, la libertad, la integridad moral o la libertad e indemnidad sexual del otro cónyuge o sus hijos. Tampoco procederá cuando la autoridad judicial advierta, de las alegaciones de las partes y las pruebas practicadas, la existencia de indicios fundados de violencia doméstica o de género. No obstante, la autoridad judicial podrá establecer un régimen de visita, comunicación o estancia en resolución motivada en el interés superior del menor o en la voluntad, deseos y preferencias del mayor con discapacidad necesitado de apoyos y previa evaluación de la situación de la relación paternofilial.

No procederá en ningún caso el establecimiento de un régimen de visitas respecto del progenitor en situación de prisión, provisional o por sentencia firme, acordada en procedimiento penal por los delitos previstos en el párrafo anterior. Igualmente, la autoridad judicial podrá reconocer el derecho de comunicación y visita previsto en el apartado segundo del artículo 160, previa audiencia de los progenitores y de quien lo hubiera solicitado por su condición de hermano, abuelo, pariente o allegado del menor o del mayor con discapacidad que precise apoyo para tomar la decisión, que deberán prestar su consentimiento. La autoridad judicial resolverá teniendo siempre presente el interés del menor o la voluntad, deseos y preferencias del mayor con discapacidad".

Patria potestad

Como ya hemos avanzado, la patria potestad no tiene nada que ver con la custodia, son términos que comúnmente se suelen confundir a menudo, pero no tienen nada que ver el uno con el otro. Si la custodia se refiere a la convivencia del menor, la patria potestad es el conjunto de derechos y deberes de los padres para con los hijos. Esta puede extenderse por encima de la mayoría de edad, finalizando con la emancipación del hijo y su independencia.

Independientemente de que los padres se hayan divorciado, ninguno perderá la patria potestad, por ello se ejerce de forma conjunta por ambos progenitores. Entre los derechos que tendrán los padres, será elegir el domicilio del menor, una decisión que deberán de tomar ambos progenitores en consenso o que será determinado por el juez en sentencia. Si bien es cierto que la opinión del menor podrá ser tomada en cuenta por el juez, tendrá los límites de la madurez del niño y su edad entre otros, pudiendo contar su señoría con la opinión de especialistas para tomar la decisión más ajustada al bienestar del menor.

En el caso de no cumplirse por parte de alguno de los padres dicho consenso, podrán acudir a la vía judicial. Para comprender esto, continuaremos con el ejemplo de María y Pablo, una pareja casada con una hija en común, Elena:

"Una vez hecho efectivo el divorcio entre ambos mediante sentencia, Elena se trasladó al domicilio de Pablo y su pareja. La custodia fue atribuida a este y se estableció un régimen de visitas a favor de María. Pasados tres años sin incidencias entre Pablo y María respecto al régimen de visitas y diferentes cuestiones referidas a Elena, la pareja de Pablo, Raquel, consigue un importante trabajo en otra comunidad autónoma. La pareja, ante esta nueva oportunidad y llena de ilusión deciden trasladar su domicilio para que así Raquel pudiera acceder fácilmente a su nuevo puesto. Llegado el momento, Pablo le traslada a María la noticia, la cual la recibe con gran enfado, enzarzándose ambos en una discusión. En un momento de reproche, María le dice a Pablo que como madre de Elena que es, también tiene derecho a decidir sobre el domicilio de su hija y que, si no lo respeta, se verá obligada a acudir a la justicia".

▶ **Artículo 156 del Código Civil:**

"La patria potestad se ejercerá conjuntamente por ambos progenitores o por uno solo con el consentimiento expreso o tácito del otro. Serán válidos los actos que realice uno de ellos conforme al uso social y a las circunstancias o en situaciones de urgente necesidad.

Dictada una sentencia condenatoria y mientras no se extinga la responsabilidad penal o iniciado un procedimiento penal contra uno de los progenitores por atentar contra la vida, la integridad física, la libertad, la integridad moral o la libertad e indemnidad sexual de los hijos o hijas comunes menores de edad, o por atentar contra el otro progenitor, bastará el consentimiento de este para la atención y asistencia psicológica de los hijos e hijas menores de edad, debiendo el primero ser informado previamente. Lo anterior será igualmente aplicable, aunque no se haya interpuesto denuncia previa, cuando la mujer esté recibiendo asistencia en un servicio especializado de violencia de género, siempre que medie informe emitido por dicho servicio que acredite dicha situación. Si la asistencia hubiera de prestarse a los hijos e hijas mayores de dieciséis años se precisará en todo caso el consentimiento expreso de estos.

En caso de desacuerdo en el ejercicio de la patria potestad, cualquiera de los dos podrá acudir a la autoridad judicial, quien, después de oír a ambos y al hijo si tuviera suficiente madurez y, en todo caso, si fuera mayor de doce años, atribuirá la facultad de decidir a uno de los dos progenitores. Si los desacuerdos fueran reiterados o concurriera cualquier otra causa que entorpezca gravemente el ejercicio de la patria potestad, podrá atribuirla total o parcialmente a uno de los progenitores o distribuir entre ellos sus funciones. Esta medida tendrá vigencia durante el plazo que se fije, que no podrá nunca exceder de dos años. En los supuestos de los párrafos anteriores, respecto de terceros de buena fe, se presumirá que cada uno de los progenitores actúa en el ejercicio ordinario de la patria potestad con el consentimiento del otro.

En defecto o por ausencia o imposibilidad de uno de los progenitores, la patria potestad será ejercida exclusivamente por el otro.

Si los progenitores viven separados, la patria potestad se ejercerá por aquel con quien el hijo conviva. Sin embargo, la autoridad judicial, a solicitud fundada del otro progenitor, podrá, en interés del hijo, atribuir al solicitante la patria potestad para que la ejerza conjuntamente con el otro progenitor o distribuir entre ambos las funciones inherentes a su ejercicio".

Pensión de alimentos

La pensión de alimentos, también conocida como "pensión alimenticia", es una cantidad de dinero que se proporciona entre parientes que cubre lo indispensable para los gastos de una persona. En esa cantidad se incluye, como ya hemos mencionado, lo indispensable. Lo que nuestro Código Civil entiende como indispensable son los alimentos, la habitación (es decir, la vivienda), la educación, la ropa y los gastos por asistencia médica. En este caso, es la cantidad que proporciona el progenitor que no tiene la custodia al otro progenitor.

Este es un asunto que, dentro del divorcio, suscita muchas dudas, ya que es un poco más complicado de lo que parece, y es que, como en cualquier cosa relacionada con el derecho hay muchos mitos extendidos. A continuación, explicaremos cuáles son las consultas más comunes con ejemplos prácticos:

a) Pedro lleva divorciado cinco años de Ana, ambos tienen dos hijos en común cuya custodia la tiene Pedro. La cantidad que Ana traspasa a Pedro en concepto de pensión alimenticia de los dos menores es de 400 €. Ana acude a nosotros muy preocupada porque se ha enterado que su exmarido quiere alquilar una nave industrial para hacer crecer su negocio y este la ha amenazado con demandarla si no "le pasa más pensión para hacerse cargo de dicho alquiler". Puede parecer *a priori* que es una duda muy sencilla de responder, pero la realidad es que cuando alguien te amenaza con demandarte todo cambia. Aunque en la práctica el progenitor que no tiene la custodia haga una transferencia al otro progenitor, el dinero que conforma la pensión no es para su uso y disfrute, simplemente es la persona que administra dicha cantidad, ya que los hijos son menores de edad y ese dinero es para ellos. Cuando una pareja está divorciada, ya no se hace cargo de su excónyuge, sino de sus hijos. Como hemos mencionado, la transferencia es a favor del otro cónyuge por cuestiones meramente prácticas, pero lo recomendable es que cuando el menor cumpla la mayoría de edad, disponga de una cuenta y se produzca la transferencia de la pensión a la cuenta del hijo. Hay que señalar que en el caso de que la custodia sea compartida, ambos deberán de abonar la pensión.

b) Existen algunas personas que confunden la pensión de alimentos con la pensión compensatoria que se da cada vez menos en la práctica. Este tipo de pensión sirve, como bien indica su nombre, para compensar el desequilibrio económico que haya sufrido alguno de los cónyuges con el divorcio (de este tipo de pensión hablaremos en el siguiente apartado). Por ello es muy común que algunos progenitores supongan que la cantidad de pensión que debe traspasar el otro progenitor sea acorde a sus gastos, estando esto muy lejos de la realidad. Llegó a nuestro despacho Félix, que en ese momento se estaba divorciando de su exmujer. Félix estaba muy asustado porque ella le había dicho que iba a tener que abonarle una pensión desorbitada. Ambos tenían una hija en común y ella solicitaba una pensión de 1000 €. Félix tenía un humilde trabajo de fontanero por el que ganaba aproximadamente 1200 € netos al mes, siendo por tanto inviable que pudiera abonar la cantidad que ella solicitaba. Claramente era una cantidad desorbitada, y es que, como bien le dijimos a Félix, la cantidad la determinará el juez en sentencia y tendrá en cuenta no solo los gastos de la menor, sino también la situación económica del padre que deba pasar la pensión. La cantidad, en definitiva, dependerá de los ingresos del progenitor que deba abonarla, de los gastos de los hijos y del número de hijos que se tenga.

c) Manuel llevaba dos años divorciado de su exmarido cuando nos llamó para preguntarnos sobre los gastos extraordinarios del hijo que tenían en común. Según Manuel, su exmarido le había puesto actividades extraescolares a su hijo sin consultarle, y este le exigía el 50 % del importe que había abonado de dichas clases. Según su criterio, la pensión alimenticia ya ascendía a una cuantía suficiente para cubrir esos gastos. A Manuel tuvimos que darle la mala noticia de que, efectivamente, su exmarido tenía razón y debía abonarle lo que le reclamaba.

El lector se preguntará cómo es esto posible. Pues bien, se supone que la pensión alimenticia cubre los gastos del menor, pero, además, por ley, los progenitores deberán de hacerse cargo al 50 % de los **gastos extraordinarios,** que son aquellos derivados de imprevistos o de momentos puntuales, como lo son en este caso las clases particulares del hijo en común.

d) Otra cuestión que llena de incertidumbre y de conclusiones erróneas a los padres es qué pasará una vez que sus hijos hayan cumplido la mayoría de edad. Es muy común creer que por el hecho de que los hijos sean mayores de edad no habrá que abonarles nada de pensión. En este aspecto, no dependerá únicamente de la mayoría de edad, sino de si es independiente económicamente o no. ¿Esto significa que si los hijos ni estudian ni trabajan de forma voluntaria existirá la obligación de seguir abonando la pensión? Rotundamente no. Para estar obligado al pago de la pensión una vez superada la mayoría de edad, es necesario que el hijo esté en una situación que no le permita trabajar ni subsistir por él mismo, como por ejemplo que no haya terminado sus estudios, siempre que no sea culpa suya o que, habiendo acabado sus estudios no sea capaz de tener ingresos propios porque no encuentre trabajo. Ahora bien, si los hijos no son capaces de mantener un puesto de trabajo estable porque son ellos mismos quienes los abandonan, o no quieren estudiar, es decir, que el motivo por el cual no tienen capacidad económica independiente es culpa suya, se podrá solicitar la extinción de la pensión alimenticia.

Fue este precisamente el caso de Francisco, padre de Marcos, mayor de edad y estudiante de Ingeniería Aeroespacial. Marcos a la edad de treinta y un años seguía residiendo en casa de su madre y llevaba más de diez años estudiando la carrera excusándose bajo el pretexto de que él no era capaz de dedicarse de forma exhaustiva a sus estudios. Marcos no tenía ningún tipo de impedimento físico ni mental que le obstaculizase el estudio, su rutina era, más bien, la de un hombre con mucho tiempo libre y mucha vida social. Ningún trabajo le duraba, ya que siempre llegaba tarde a su puesto o simplemente se ausentaba días enteros. A la vista de aquellos acontecimientos, Francisco decidió solicitar una modificación de medidas, cuyo desenlace fue favorable para él, ya que el juez decidió retirarle la pensión a Marcos.

Impago de la pensión de alimentos

La pensión de alimentos constituye una obligación del progenitor no custodio o de ambos progenitores en régimen de custodia compartida. Pero como cualquier otra obligación existen riesgos de que no se cumpla, ya que existen dos opciones por las que un progenitor no abonaría la pensión a sus hijos: porque no puede o, simplemente, porque no quiere.

En el primer caso, y si el lector por cualquier circunstancia, sobre todo económica, se encuentra en esa situación en la que no puede abonar la pensión, es necesario que lleve a cabo una modificación de medidas. Siempre puede acudir a la justicia gratuita en el caso de no poder permitirse un abogado, ya que, si no lo hace, su expareja o su hijo (mayor de edad), pueden llevarle ante los tribunales.

En el segundo caso, y en el caso del primero que no hayan llevado a cabo una modificación de medidas, caben dos consecuencias:

1. Que su expareja o su hijo (mayor de edad) soliciten una ejecución de sentencia al juzgado que determinó la pensión.

2. Que su expareja o su hijo (mayor de edad) interpongan una denuncia por impago de pensión de alimentos.

De forma resumida, si se solicita una ejecución probablemente embarguen o el sueldo o cuentas bancarias, lo que determine el juez. Y si existe denuncia, puede existir el riesgo de condena a prisión de tres meses a un año o pena de multa de seis a veinticuatro meses por el delito de impago de pensión de alimentos. Obviamente, la mayoría preferirá la opción de la ejecución de sentencia antes que la denuncia.

¿Eso quiere decir que, si por cualquier motivo se deja de abonar la pensión, aunque sea solo por un mes, hay riesgo de denuncia? No, para considerar que se ha cometido el delito de impago de la pensión de alimentos se debe de dejar de pagar durante dos meses consecutivos o cuatro meses no consecutivos. Eso sí, cualquier tipo de importe a favor del cónyuge o los hijos que esté establecido en el convenio regulador. En este supuesto, cobra importancia la cantidad que se abone para cubrir la hipoteca, ya que su impago también está contemplado como causa de comisión de este delito.

► **Artículo 227 del Código Penal:**

"1. El que dejare de pagar durante dos meses consecutivos o cuatro meses no consecutivos cualquier tipo de prestación económica en favor de su cónyuge o sus hijos, establecida en convenio judicialmente aprobado o resolución judicial en los supuestos de separación legal, divorcio, declaración de nulidad del matrimonio, proceso de filiación, o proceso de alimentos a favor de sus hijos, será castigado con la pena de prisión de tres meses a un año o multa de seis a 24 meses.

2. Con la misma pena será castigado el que dejare de pagar cualquier otra prestación económica establecida de forma conjunta o única en los supuestos previstos en el apartado anterior.

3. La reparación del daño procedente del delito comportará siempre el pago de las cuantías adeudadas".

Pensión compensatoria

Ya hemos comentado que la pensión compensatoria nada tiene que ver con la pensión alimenticia, lo único que las une es su carácter periódico, pero en esta pensión la naturaleza de su existencia es simplemente, la de compensar al excónyuge por el desequilibro económico que hubiera podido acarrear el divorcio. Esto llega a ser un poco ambiguo y, por ello, a la hora de determinar la existencia del desequilibro económico, se van a tener en cuenta diferentes circunstancias como el régimen económico, la dedicación a la familia, etc. He aquí una diferenciación de situaciones que hará entender al lector la cuestión del desequilibrio económico:

"Paco y Teresa llevan casados veinte años. Fruto de ese matrimonio nacieron sus hijos, Rebeca y Pablo, de catorce y diecisiete años respectivamente. Teresa es un alto ejecutivo de una gran empresa a nivel nacional, y su ascenso en dicha empresa se produjo de forma progresiva pero rápida, llegando el momento de tener que decidir entre continuar con su carrera de forma exhaustiva o dedicarse a su familia. En ese momento, Paco tenía un puesto inestable en una empresa comercial y con el sueldo que ganaría Teresa si aceptaba el ascenso, podría mantener a la familia. Por ello, acordaron que Paco se encargaría de las labores de casa y de atender a los hijos, que en aquel momento eran bastante pequeños y dependientes. Así, llegado el divorcio, Paco llevaba quince años sin trabajar, pues se había dedicado 100% a su casa y a su familia, por lo que no había generado ingresos propios. Además el patrimonio estaba regulado por el régimen de separación de bienes. Decidió solicitar pensión compensatoria a Teresa, que fue concedida, ya que había un gran desequilibrio entre ambos".

¿Qué habría pasado en una situación distinta? Vamos a hacer unas pequeñas modificaciones en el caso de Paco y Teresa:

"Paco y Teresa llevan casados veinte años. Fruto de ese matrimonio nacieron sus hijos, Rebeca y Pablo, de catorce y diecisiete años respectivamente. Teresa es un alto ejecutivo de una gran empresa a nivel nacional y Paco es contable en una consultoría muy importante. Ambos se hacen cargo de las labores domésticas y de atender a sus hijos, que debido a los imposibles horarios de los padres se hace bastante cuesta arriba, llegando Paco a la determinación de solicitar una reducción de jornada en su puesto de trabajo para poder llegar a todo. Llegado el momento del divorcio, Paco solicita una pensión compensatoria a Teresa, que es denegada por el juez, porque si bien es cierto que Paco cobra menos que Teresa y solicitó una reducción de jornada para cuidar de los hijos, ambos estaban casados en gananciales y, el hecho de divorciarse no es motivo suficiente para percibir una pensión compensatoria, ya que, además, la reducción de jornada es reversible, pudiendo Paco volver a trabajar a jornada completa".

La cantidad para percibir dependerá de la situación de los cónyuges y la duración será la que se pacte en el convenio regulador. Sin embargo, es nuestro consejo que, si actualmente se está negociando la duración de dicha pensión, se estipule una fecha fin o una condición que extinga la pensión, como lo es, por ejemplo, que el excónyuge encuentre empleo. La realidad es que si no se fija ningún límite temporal la pensión podría ser indefinida. Es cierto que hay que atender al caso concreto, pues la temporalidad también dependerá de cómo ha sido ese desequilibrio económico y si hay capacidad para revertir la situación. Finalmente, en un procedimiento judicial, en concreto en un divorcio contencioso, será el juez quién tendrá en cuenta todas esas variables para determinar la temporalidad de la pensión.

▶ **Artículo 97 del Código Civil:**

"El cónyuge al que la separación o el divorcio produzca un desequilibrio económico en relación con la posición del otro, que implique un empeoramiento en su situación anterior en el matrimonio, tendrá derecho a una compensación que podrá consistir en una pensión temporal o por tiempo indefinido, o en una prestación única, según se determine en el convenio regulador o en la sentencia.

A falta de acuerdo de los cónyuges, el Juez, en sentencia, determinará su importe teniendo en cuenta las siguientes circunstancias:

1.ª Los acuerdos a que hubieran llegado los cónyuges.

2.ª La edad y el estado de salud.

3.ª La cualificación profesional y las probabilidades de acceso a un empleo.

4.ª La dedicación pasada y futura a la familia.

5.ª La colaboración con su trabajo en las actividades mercantiles, industriales o profesionales del otro cónyuge.

6.ª La duración del matrimonio y de la convivencia conyugal.

7.ª La pérdida eventual de un derecho de pensión.

8.ª El caudal y los medios económicos y las necesidades de uno y otro cónyuge.

9.ª Cualquier otra circunstancia relevante.

En la resolución judicial o en el convenio regulador formalizado ante el Secretario judicial o el Notario se fijarán la periodicidad, la forma de pago, las bases para actualizar la pensión, la duración o el momento de cese y las garantías para su efectividad".

La vivienda conyugal y la casa nido

En el desarrollo de este capítulo se pone de manifiesto que todo aquello que rodee al matrimonio y posterior divorcio o separación, vendrá concretado en el convenio regulador, y la vivienda conyugal no iba a ser menos.

Existen dos tipos de posibilidades dependiendo de si hay hijos o no:

- Si no hay hijos o estos son mayores de edad, se estará a la situación económica de ambos cónyuges. El desequilibrio económico aquí vuelve a tener una gran importancia, puesto que el uso de la vivienda se atribuirá al cónyuge más necesitado de ella aunque sea de forma temporal y aunque el titular de la vivienda sea el otro cónyuge.

Susana y José llevaban casados cinco años y ambos residían en la vivienda que años antes había comprado José. Susana llevaba un año desempleada y José desempeñaba funciones como empleado público, por lo que su posición era mucho más estable que la de su expareja. Fue este el motivo por el que el juez determinó que lo mejor sería atribuir el uso de la vivienda a Susana hasta que ella encontrara un empleo, ya que ella no contaba de ingresos suficientes para poder costearse una vivienda.

- En el caso de que existan hijos menores de edad, la atribución de la vivienda se hará acorde al tipo de custodia que haya, es decir, dependerá si existe custodia exclusiva, compartida o repartida.

Si la custodia es exclusiva, esto quiere decir que solo uno de los cónyuges tenga la custodia, se atribuirá el uso de la vivienda al progenitor custodio y a los hijos, incluso si esa vivienda es del otro progenitor. Si es compartida, se tendrá en cuenta el interés superior del menor y por tanto será el juez quién decidirá sobre este asunto. En el supuesto de que la custodia esté repartida podría darse el caso de que la vivienda se utilizara de forma rotativa, estableciendo turnos.

 ¿Qué ocurre cuando la vivienda es propiedad de ambos cónyuges?

 Si la propiedad es de ambos se puede establecer que cualquiera sea quien disfrute de la vivienda familiar. Hay que mencionar que también puede darse la situación que el juez determine que el uso de la vivienda sea para el cónyuge no propietario, dado ese caso, si el propietario quiere vender la casa, por ejemplo, tendrá que contar con la autorización de la persona que esté usando la vivienda, aunque esta no sea propietaria.

Hemos comentado que cuando la custodia sea compartida será el juez quien determine el uso de la vivienda atendiendo al interés superior del menor, una de las opciones se denomina "casa nido". La metáfora es muy ilustrativa, pues una casa nido para los pájaros se utiliza para dejar a las crías de las aves mientras estas van a conseguir recursos para su supervivencia. Por lo tanto, los pájaros van y vienen de la casa mientras las crías se mantienen en el nido, esto es lo que sucede cuando se establece la "casa nido". Los padres serán los que se desplacen y los niños serán quienes habiten la casa de forma permanente.

Esta opción se da muy poco en la práctica, ya que requiere de muchos recursos económicos, puesto que cada uno de los padres debe tener su vivienda individual y además deben costear los gastos que se generen en la casa nido.

► **Artículo 96 del Código Civil:**

"En defecto de acuerdo de los cónyuges aprobado por la autoridad judicial, el uso de la vivienda familiar y de los objetos de uso ordinario de ella corresponderá a los hijos comunes menores de edad y al cónyuge en cuya compañía queden, hasta que todos aquellos alcancen la mayoría de edad. Si entre los hijos menores hubiera alguno en una situación de discapacidad que hiciera conveniente la continuación en el uso de la vivienda familiar después de su mayoría de edad, la autoridad judicial determinará el plazo de duración de ese derecho, en función de las circunstancias concurrentes.

A los efectos del párrafo anterior, los hijos comunes mayores de edad que al tiempo de la nulidad, separación o divorcio estuvieran en una situación de discapacidad que hiciera conveniente la continuación en el uso de la vivienda familiar, se equiparan a los hijos menores que se hallen en similar situación.

Extinguido el uso previsto en el párrafo primero, las necesidades de vivienda de los que carezcan de independencia económica se atenderán según lo previsto en el Título VI de este Libro, relativo a los alimentos entre parientes.

Cuando algunos de los hijos queden en la compañía de uno de los cónyuges y los restantes en la del otro, la autoridad judicial resolverá lo procedente.

- No habiendo hijos, podrá acordarse que el uso de tales bienes corresponda al cónyuge no titular por el tiempo que prudencialmente se fije siempre que, atendidas las circunstancias, lo hicieran aconsejable y su interés fuera el más necesitado de protección.

- Para disponer de todo o parte de la vivienda y bienes indicados cuyo uso haya sido atribuido conforme a los párrafos anteriores, se requerirá el consentimiento de ambos cónyuges o, en su defecto, autorización judicial. Esta restricción en la facultad dispositiva sobre la vivienda familiar se hará constar en el Registro de la Propiedad. La manifestación errónea o falsa del disponente sobre el uso de la vivienda no perjudicará al adquirente de buena fe".

El punto de encuentro familiar

Por último, vamos a tratar el tema de los puntos de encuentro familiar. Seguramente muchos ya sepan de su existencia y su funcionamiento, ya que es un medio muy bueno de evitar problemas en cuanto a la custodia y las visitas a los menores, sobre todo cuando la relación entre los dos excónyuges no es buena.

Como hemos comentado antes, en todo divorcio importan las personas que se están separando, pero siempre importa más el bienestar de los menores y sus necesidades. Como ya hemos visto, a veces es difícil para dos personas que se encuentran en esa situación llegar a un acuerdo sobre ese extremo.

Para facilitar la relación entre los menores y los padres es para lo que existen estos centros, configurados como un espacio neutral cuyo fin es favorecer el régimen de visitas de los menores con sus familiares. ¿Por qué familiares y no padres? Porque a veces no solo se programan visitas entre los excónyuges, sino que también puede que se dé el caso de incluir en las visitas a los abuelos o tíos. Siempre teniendo en cuenta el grado de involucración que han tenido estos familiares en la vida del menor y en su desarrollo personal.

¿Cómo pueden ser de utilidad estos puntos? Su función no se reduce solo a asegurar el cumplimiento de lo establecido en el régimen de visitas, sino que ofrece un apoyo por parte de profesionales tanto para los padres como para los menores. Es importante decir que el objetivo de estos centros también es que de forma temporal se pueda orientar a todos los miembros para que la transición ante la nueva situación sea lo más sencilla posible. También ofrece un espacio idóneo para los casos en los que las visitas deban ser tuteladas por una tercera persona.

¿Pero quién decide qué casos deben ir a un punto de encuentro familiar y qué casos no? Siempre será un juez quién determine en qué casos es necesario. Pongamos un supuesto para entenderlo mejor:

"Lucía y Fernando son una pareja que empezó a salir cuando aún eran adolescentes y tras muchos años de matrimonio se casaron y tuvieron un hijo, Francisco. No se puede decir que fuese un matrimonio feliz, pues durante años Lucía sufrió la situación de estar en pareja con una persona con unos hábitos que afectaban de forma muy negativa a la convivencia, pues Fernando no solo consumía demasiado alcohol, sino que cuando nació su hijo empezó a consumir drogas y por el estrés y tras la muerte de los padres de este comenzó a jugar en casinos y a gastar más de lo que debía. Fueron estas circunstancias y no otras las que terminaron provocando que Lucía, harta de falsas promesas de cambio, decidiera divorciarse de él".

En el seno del procedimiento de divorcio se sometió a la familia a un estudio psicosocial y, tras examinar a cada uno de los miembros de la familia, el juez recibió el informe del estudio donde se decía que se había detectado una situación de riesgo por parte de Fernando de no cumplir con el régimen de visitas por ser una persona con un carácter muy volátil derivado del consumo de sustancias y tendente a tomar decisiones sin meditarlas.

A la luz de los datos reflejados en el informe psicosocial, el juez determinó en la sentencia de divorcio que era necesario que el régimen de visitas se realizase a través de un punto de encuentro familiar.

EDITATUM

Libros para crecer

www.editatum.com

Nuestras colecciones

Guías para todos aquellos que deseen ampliar sus conocimientos sobre asuntos específicos, grandes personajes, épocas, culturas, religiones, etc., ofreciendo al lector una amplia y rica visión de cada una de las temáticas, accesibles a todos los lectores.

Guías para gestionar con éxito un negocio, vender un producto, servicio o causa o emprender. Pautas para dirigir un equipo de trabajo, crear una campaña de *marketing* o ejercer un estilo adecuado de liderazgo, etc.

Guías para optimizar la tecnología, aprender a escribir un blog de calidad, sacarle el máximo partido a tu móvil. Orientaciones para un buen posicionamiento SEO, para cautivar desde Facebook, Twitter, Instagram, etc.

Guías para crecer. Cómo crear un blog de calidad, conseguir un ascenso o desarrollar tus habilidades de comunicación. Herramientas para mantenerte motivado, enseñarte a decir NO o descubrirte las claves del éxito, etc.

Guías prácticas dirigidas a la salud y el bienestar. Cómo gestionar mejor tu tiempo, aprenderás a desconectar o adelgazar comiendo en la oficina. Estrategias para mantenerte joven, ofrecer tu mejor imagen y preservar tu salud física y mental, etc.

Guías prácticas para la vida doméstica. Consejos para evitar el *cyberbulling*, crear un huerto urbano o gestionar tus emociones. Orientaciones para decorar reciclando, cocinar para eventos o mantener entretenido a tu hijo, etc.

Guías prácticas dirigidas a todas aquellas actividades que no son trabajo ni tareas domésticas esenciales. Juegos, viajes, en definitiva, hobbies que nos hacen disfrutar de nuestro tiempo libre.

Guías para aprender o perfeccionar nuestra técnica en deportes o actividades físicas escritas por los mejores profesionales de la forma más instructiva y sencilla posible,

Autores para la formación

Editatum y GuíaBurros te acercan a tus autores favoritos para ofrecerte el servicio de formación GuíaBurros.

Charlas, conferencias y cursos muy prácticos para eventos y formaciones de tu organización.

Autores de referencia, con buena capacidad de comunicación, sentido del humor y destreza para sorprender al auditorio con prácticos análisis, consejos y enfoques que saben imprimir en cada una de sus ponencias.

Conferencias, charlas y cursos que representan un entretenido proceso de aprendizaje vinculado a las más variadas temáticas y disciplinas, destinadas a satisfacer cualquier inquietud por aprender.

Consulta nuestra amplia propuesta en: **www.editatumconferencias.com** y organiza eventos de interés para tus asistentes con los mejores profesionales de cada materia.

Otros libros de la colección

GuíaBurros: Seguros

https://www.seguros.guiaburros.es/

GuíaBurros: Tus derechos como ciudadano y consumidor

https://www.derechos.guiaburros.es/

GuíaBurros: Comunidades de vecinos

https://www.comunidadesdevecinos.guiaburros.es/

GuíaBurros: Cómo pagar menos impuestos

https://www.pagarmenosimpuestos.guiaburros.es/